淡交新書

昭和の能楽 名人列伝

羽田 昶

淡交社

目次

凡例

・本書の項目として取り上げた人名は最終名であり、本文中に登場する人名は事象当時の名称で表記しています。

・演目名は、各流儀の表記にしたがっています。

協力

能楽協会　大蔵流狂言山本事務所　櫻間会　万作の会
武蔵野大学能楽資料センター
――順不同

写真提供

梅若六郎玄祥（21頁）　わんや書店（47・55頁）　武蔵野大学能楽資料センター（81・201頁）　金剛永謹（89頁）　茂山狂言会（251頁）
――掲載順

写真撮影

吉越立雄（29・37・65・73・99・107・113・121・131・141・147・161・175・191・213・221・235・243・273・279・287・293頁）
吉越研（153・167・185頁）
――掲載順

プロローグ

――昭和の能楽を展望する――

昭和前期（初期から10年代）、能の世界には独特の活気があったように思われる。

小林秀雄の名編『当麻《たえま》』は、近代文明のあり方を論評することが主眼で、観能記でも能楽評論でもないが、昭和17年（1942）2月に見た初世梅若万三郎の能に触発されたエッセイである。その中に「現代人は、どういふ了簡でゐるから、近頃能楽の鑑賞といふ様なものが流行るのか」という一文がある。いささか屈折した言いまわしだが、少なくとも、昭和10年代の知識人にとって、能楽が意識と関心の的であったことを物語っている。

なぜこの時期に能が盛んに催され受容されていたのか考えてみると、一つには時代の思潮がそのように動いていたということがいえる。大正教養主義の時代から「侘《わ》び」や「寂《さ》び」、松尾芭蕉の俳諧、「幽玄《ゆうげん》」の中世的美意識が再評価されてきた。それはよいとして、昭和に入ると、昭和6年の満州事変に始まる十五年戦争に突入する。時の流れが大きく復古調、日本的なるものへの回帰に舵を取っていた。欧米の機械文明に対して日本的な精神性や倫理観をことさらに強調する見方が支配した。そういう時勢と軌を一にして人々が能楽にも眼を向けた、という側面があった。この動きはその後、戦争が苛烈になると〈忠霊《ちゅうれい》〉〈皇軍艦《みいくさぶね》〉などの「聖戦」讃美の国策に添った新作能まで生んだ。

しかし、それとは別に能に光があたる大きな出来事も、この時代には次々と生まれた。大正14年（1925）に、ラジオ放送が開始され、謡が電波に乗るようになった。昭和2年に創刊された岩波文庫は、日本の読書人に大きな影響を及ぼすが、そのラインナップにさっそく『風姿花伝《ふうしかでん》』（『花伝書《かでんしょ》』と称していた）や『能作書』（『三道』）が収められる。昭和6年、東京音楽学校に能楽科が設置され、近代的な教育制度のもとに能楽師が養成されるようになった。同8年、英国からバーナード・ショーが来日し、櫻間《さくらま》金太郎（弓川《きゅうせん》）の〈巴《ともえ》〉を観た。その弓川と宝生新《ほうしょうしん》は、同10年、鉄道省観光局が海外向けに製作した映画「葵上」に出演した。昭和15年には、野上豊一郎が顧問となり、多くの文学者が賛助員に名を連ね、文藝春秋社と謡曲界発行所が後援・主催する能楽鑑賞の会という公演団体が発足する。同17

年には、世阿弥五〇〇回忌記念の特集記事や行事が続いた。

能楽の研究も昭和に入って高度な進展を見せた。特に野上豊一郎『能 研究と発見』（昭和5年）、佐成《さなり》謙太郎『謡曲大観』全七巻（昭和5〜6年）、能勢朝次『能楽源流考』（昭和13年）の三点は画期的な成果である。

そして何よりも、能を盛況に導いたのは、すぐれた演者がいたからである。おそらく明治以後現代に至るまで、大正期から昭和10年代にかけての能楽界ほど、役者の陣容が充実していた時期はなかっただろう。本書で取り上げ論じた演者のほかに、次のような人々が控えていた。

観世華雪《かせつ》と同年の橋岡久太郎《きゅうたろう》。観世清廉《きよかど》門から出て独自の芸境を築き、観世寿夫《ひさお》をして「橋岡先生の『姨捨』に強い感動を覚えた」「肉体および精神の鍛錬によって、自然に光を放っている芸の美しさ、強さに引きつけられた」といわしめた。同じく清廉門の大槻十三。銕之丞紅雪の弟、清之《きよし》の養嗣子《ようしし》で九皐会《きゅうこうかい》を主宰した初世観世喜之《よしゆき》。観世流の流勢拡張と技法の統一に尽力した二十四世宗家観世左近元滋《さこんもとしげ》。華雪の実弟で養嗣子、のちに七世観世銕《てつ》之丞雅雪《のじょうがせつ》となった観世織雄《おりお》。二世喜之となった観世武雄。京都能楽界のリーダー片山博通。二世万三郎となった梅若万佐世。多彩な観世流の面々である。

宝生流は、十六世宝生九郎知栄《くろうともはる》門下には、松本長《ながし》・野口兼資《かねすけ》・近藤乾三に次いで、十七世宗家宝生九郎重英《しげふさ》、高橋進、田中幾之助《いくのすけ》、武田光雲《こううん》がいた。

戦前の金春《こんぱる》流は、もっぱら櫻間弓川とその門下高瀬寿美之《すみゆき》、櫻間道雄、本田秀男、金春宗家だが櫻間伴馬《ばんま》に師事した金春栄治郎らが活躍した。金剛流には、坂戸金剛《さかどこんごう》最後の金剛右京、京都の初世金剛巌《いわお》の二代にわたる家元を中心に、その二人から教えを受けた豊嶋弥《てしまや》左衛門《ざえもん》とその弟たちがいた。喜多《きた》流には、名人喜多六平太とその後嗣・喜多実、高弟・後藤得三に加えて、粟谷益二郎《あわやますじろう》、梅津正保、友枝為城《ともえだためき》という強者たちが揃っていた。

ワキ方は、下掛宝生《しもがかりほうしょう》からのちに名人を輩出するものの、戦前は宝生新の独壇場である。わずかに匹敵したのは高安《たかやす》流の豊嶋要之助《ようのすけ》で、技芸、容姿ともに立派な人気役者だったが、壮年期の40歳、たまたま帰郷した広島で原爆に遭って亡くなった。

狂言は、大蔵流の二世・三世の山本東次郎《とうじろう》が東京に、二世茂山千作と三世千作、のちに善竹《ぜんちく》姓になった茂山弥五郎、その弟、三世茂山忠三郎《ちゅうざぶろう》が京阪にいた。和泉流は、金沢出身の初世野村萬斎《まんさい》とその子息六世野村万蔵と九世三宅藤九郎、京都出身の十一世野村又三郎が東京で活躍した。実は、狂言の真価と魅力が正当に評価され、受け容れられるのは戦後すなわち昭和後期のことで、昭和30年代には狂言ブームが到来するのだが、それはここに挙げた名人名手たちの多くが戦後も活躍し、また昭和後期に茂山七五三《しめ》（四世千作）・千之丞、野村万之丞（萬《まん》）・万作、山本則寿《のりひさ》という優秀な役者たちが輩出するからでもあるのだ。

囃子は、笛の十二世一噌《いっそう》又六郎、島田巳久馬《みくま》、杉市太郎、三谷良馬、寺井政数、田中一次《いちじ》。

小鼓《こつづみ》は曽和《そわ》修吉、竹村龍之介、大倉長右衛門、幸宣佳《こうのぶよし》、瀬尾潔、北村一郎、樫本孔英、幸円次郎、森重朗《じゅうろう》、鵜澤寿《うざわひさし》。大鼓《おおつづみ》の高安道喜《どうき》、吉見嘉樹《よしき》、亀井俊雄、瀬尾乃武《せおのりたけ》、安福《やすふく》春雄、太鼓の松村隆司、柿本豊次《とよじ》、二十一世金春惣右衛門《こんぱるそうえもん》、三島太郎。

囃子方のうち、柿本豊次、幸宣佳、亀井俊雄、瀬尾乃武、安福春雄、鵜澤寿の六人は人間国宝であり、吉見嘉樹、北村一郎、幸円次郎とともに本書で取り上げた四人の囃子方と同列に並ぶ名人である。

これだけの演者がいたこと、その多くが戦後も健在であったからこそ、昭和後期の能楽もレベルを高く維持することができたといってよい。

■

昭和時代後期、第二次世界大戦後の能楽界は、明治維新につぐ危機だった。廃墟を前にして、物質的・経済的な貧困と精神的な価値観の大きな変動による混乱は、日本中、誰もがどの分野でも経験したことだが、能楽界にとっての大きな変化は、能楽支持者の動きである。

戦前までの能楽師は財閥とか華族をパトロンと仰いできたわけだが、それらは戦後すぐ占領軍の方針で解体され廃止された。幕府や藩の禄を失った明治の時ほどではないにしても、これからは特定の階層に依存するわけにはいかないという事態は明らかだった。

昭和25年に青年能楽人と文化人との提携によって生まれた〈能楽ルネッサンスの会〉は、そうした時代の気運を示す運動体だった。能楽諸制度の新しいあり方を模索し、諸技術の科学的解明、新しい演出の研究、諸芸術分野との交流、正しい大衆的な普及をめざして演能会を開くという趣旨のもとに集うた能楽師の同人は、浅見真高《まさたか》、観世静夫（八世銕之亟）、観世寿夫、観世元正（左近）、観世元信、喜多節世《さだよ》、喜多長世（十六世六平太）、後藤榮夫《ひでお》（観世榮夫）、金春惣一（二十二世惣右衛門）、田中允《まこと》（穂高光晴）、野村万作、野村万之丞（萬）、橋岡久馬、三須錦吾（幸正影）。文化人の同人には、今井欣三郎、大河内俊輝、白洲正子、松野奏風、丸岡明、丸岡大二、三宅襄《のぼる》、横道萬里雄《よこみちまりお》という能楽関係者のほかに、芥川比呂志、飯沢匡《ただす》、加藤道夫、木下順二、小山祐士、戸板康二《やすじ》、福田恆存《つねあり》、三島由紀夫、山本安英《やすえ》らの演劇人のいたことは、いま見ても新鮮である。

なお、この能楽ルネッサンスの会同人の能楽師と、本書で取り上げた能楽師のほかに、次のような人々が昭和後期の能楽を支えた役者たちである。故人に限って挙げておく。観世流はあまりにも多岐にわたるので割愛し、大坪十喜雄、宝生英雄《ふさお》、今井泰男、金井章、近藤乾之助、櫻間龍馬（金太郎）、金春信高《のぶたか》、二世金剛巖、友枝喜久夫、粟谷新太郎、松本謙三、宝生弥一、森茂好《しげよし》、宝生閑《かん》、大蔵弥右衛門、善竹圭五郎、茂山千之丞、野村又三郎、茂山忠三郎、和泉元秀、山本則直《のりただ》、一噌正之助《しょうのすけ》、一噌幸政、大倉長十郎、曽和博朗《ひろし》、北村治。——

能楽ルネッサンスの会は、昭和27年までに5回の公演を行い、経済的に破綻して閉会するが、その志は、武智《たけち》鉄二が観世寿夫、狂言の野村兄弟、茂山兄弟と提携して行った演劇、観世寿夫らの〈華の会〉、横道・大河内らが主催した〈東京能楽鑑賞会〉、野村万蔵企画の〈白木屋狂言の会〉などに生かされていった。やがて、新作の能・狂言、他の芸術分野との交流、番外曲の復活、現行曲の演出見直しといった新しい活動も盛んになる。

ただし、昔も今も、素人弟子に教えることが、能楽師の主たる収入の道である。

しかし、戦後も昭和35年ごろを境として、素人弟子以外の純粋な一般観客も、しだいに増えてきた。戦後も十年、十五年と経過して生活も安定し、あらためて日本の伝統文化を再評価する観点から、能や狂言も見直され、関心が持たれるようになった。それから、外国人(芸術家や芸術に関わりのある文化人が主流だが)と、日本国内でも前衛的な若い芸術家が、能や狂言に強い関心を寄せた。能や狂言の演技・演出は、きわめて簡素であったり、大胆な省略と誇張であったりして、西欧的または近代的なリアリズムとは相容れない。それはある意味ではリアリズムに到達する以前の後進性かもしれないのだが、能はそれをそのまま見事に洗練させ、優美で厳粛な様式を獲得しているので、別の観点からすると、反近代・反自然主義的で、言いかえれば現代的で前衛的であるということになる。

演能会のあり方も多極化してきた。①能楽協会の主催、②シテ方各流の主催、③シテ方流内各派各家の主催、——戦前から続くこの三種に加えて、シテ方流内の同人組織の会、超流派的同人組織の会、個人主催または個人を後援するリサイタル形式の会、三役(ワキ方・囃子方・狂言方)主催の会、演者以外の主催する会、が戦後に顕著な現象だろう。とりわけ意義深いのは、最後の演者以外の主催する会で、観客側が「あの人のこの能が見たい」という欲求からプロデュースする会が催された。前述のとおり戦前は「能楽鑑賞の会」というのがあったが、戦後は、時事名曲能、花友会、東京能楽鑑賞会、京都能楽鑑賞会、大阪能楽観賞会、能楽鑑賞の会(二次)、橋の会、名古屋能楽鑑賞会などが、つぎつぎと生まれた。
そして、昭和58年（1983）、東京・千駄ヶ谷に国立能楽堂が開場した。とにかく史上初めて、専業の企画製作者による、不特定多数の観客のための、シアターとしての能楽堂が誕生したことを意味する。ここを拠点に、新作や復曲など昭和20年代、30年代から胎動してきた試みも活潑になるが、それと同時に五流にわたる全国、各年代層の演者によって、現行曲を正統な形で上演し続けることの意義は大きいだろう。その活動は、昭和も数年を残して、平成に受け継がれていった。

なお、本書は重要無形文化財保持者（いわゆる人間国宝）を、歴史的存在として故人に限り取りあげたが、現存、活躍中の人間国宝に、野村萬《まん》（狂言方和泉流）、安福建雄《やすふくたつお》（大鼓方高安流）、亀井忠雄（大鼓方葛野流）、野村万作（狂言方和泉流）、友枝昭世（シテ方喜多流）、一噌仙幸《ひさゆき》（笛方一噌流）、山本東次郎（狂言方大蔵流）、梅若玄祥《げんしょう》（シテ方観世流）、三島元太郎（太鼓方金春流）、野村四郎（シテ方観世流）、大槻文蔵（シテ方観世流）という人々のいることを銘記しておきたい。もちろん昭和の時代から成果をあげてきた人々である。

シテ方

観世流
宝生流
金春流
金剛流
喜多流

《観世流》

初世 梅若万三郎と二世 梅若実、そして観世華雪

初世梅若万三郎と二世梅若実は、初世梅若実（文政11年・1828―明治42年・1909）の長男と次男。10歳違いの兄弟である。万三郎の名は幼名から終生変わらない。二世実は幼名、竹世。のち五十四世梅若六郎を襲名し、隠居名として二世梅若実となった。

万三郎が生まれた時、すでに父の後継者として義兄・源次郎（嘉永2年・1849―明治42年・1909、五世観世銕《てつ》之《の》丞《じょう》紅雪《こうせつ》の弟）がいたので、万三郎は分家である梅若吉之丞家を継承した。竹世は、その義兄の養嗣子《ようしし》となった。兄が分家し、弟が本家を相続するという変則のかたちである。さらに複雑なことには、五十三世六郎となった養父の源次郎は梅若家を離別し、観世銕之丞家の別家を立て観世清之《きよし》と名のる。竹世は五十四世六郎として、名実ともに梅若家の当主となるのである。

大正10年（1921）、梅若家は観世流から分かれて、梅若流を樹立する。万三郎・六郎兄弟の妹婿である六世観世銕之丞華雪《かせつ》（明治17年・1884―昭和34年・1959）も、幼時か

ら初世実の薫陶を受け、梅若家の一員であった。ただし、銕之丞は観世宗家の分家という立場ゆえに梅若流を名のることはしなかったが、実質的には、梅若流と演能活動を共にしている。世間ではこれを「万・六・銕」と呼んだ。梅若流の黄金時代である。

この鼎立は10年ほど続くが、いろいろな事情から切り崩されてゆく。昭和4年（1929）に銕之丞一門が、さらに同8年に万三郎一門も、観世流に復帰する。梅若六郎一門だけが梅若流の孤塁を守ることとなったが、万三郎歿後の同29年、観世流に復帰した。

初世梅若実から受けた稽古を土台にともに歩んできた肝胆相照らす仲の兄弟は、それぞれの個性と芸風を持ち、老境を迎えてから別々の舞台人生を歩んだが、たがいに認め合い、強い絆でつながっていた。たとえば、兄弟そろって梅若流だった昭和2年（1927）、万三郎は独演五番能を催し、『亀堂閑話』［註1］によると、その時の四番目が〈通小町《かよいこまち》〉で、ツレ六郎（二世実）、ワキ銕之丞（華雪）で、「一番気持よくやれました」。キリは〈正尊《しょうぞん》〉で、義経が梅若貞之（雅俊・二世実の次男）、静が梅若安弘（恭行・二世実の三男）、江田が梅若亀之《たかし》（五十五世六郎）、熊井が梅若万佐世（二世万三郎）、姉和が華雪、ワキは二世実「といふいい気でやりました」というのである。六郎家も万三郎家もない、梅若一家団結の時代だった。

だいたい、二世万三郎の本名万佐世の「世」は竹世の世から取ったそうだ（『万三郎芸談』）

し、五十五世六郎は父実よりも伯父の初世万三郎から多くの教えを受けている。観世寿夫《ひさお》・静夫（八世観世銕之亟静雪《じょうせつ》）の祖父であり師である独自の芸境を開いた観世華雪も、梅若家の土壌で育くまれて名人となったのであった。

■　■　■

［註1］『亀堂閑話』　初世梅若万三郎が書いた随想集。昭和13年刊行。

初世 梅若万三郎

【うめわか・まんざぶろう】
明治元年（1868）1月3日・生
昭和21年（1946）6月29日・歿
文化勲章・日本芸術院会員

梅若万三郎は、明治の三名人（初世梅若実・宝生《ほうしょう》流十六世九郎知栄《くろうともはる》〔註1〕・櫻間伴馬《さくらまばんま》（左陣）〔註2〕）亡きあとは、野口兼資《かねすけ》・喜多六平太《きたろっぺいた》・宝生新《ほうしょうしん》（ワキ方）らとならんで、というよりもその中でも断然トップに位置する、大名人として尊崇を集めていた。端的には（世俗的、というべきか）、昭和12年（1937）に帝国芸術院が創設された時、能楽師では宝生新と二人だけが会員になったし、同21年には能楽師で初めての文化勲章受章者となったことでもわかる。

無頼派の文士、坂口安吾は『日本文化私観』（昭和18年・1943）で、

僕は「檜垣」を世界一流の文学だと思っているが、能の舞台を見たいとは思わない。もう我々には直接連絡しないような表現や唄い方を、退屈しながら、せめて一粒の

砂金を待って辛抱するのが堪えられぬからだ。舞台は僕が想像し、僕がつくれば、それでいい。天才世阿弥は永遠に新ただけれども、能の舞台や唄い方や表現形式が永遠に新たかどうか疑わしい。古いもの、退屈なものは、亡びるか、生まれ変わるのが当然だ。

と直言して憚らないが、同じその筆で「日本の文化人」について

日本本来の伝統に認識も持たないばかりか、その欧米の物真似に至ってはていをなさず、美の片鱗もとどめず、全然インチキそのものである。ゲーリー・クーパーは満員客止めの盛況だが、梅若万三郎は数えるほどしか客が来ない。かかる文化人というものは、貧困そのものではないか。

という。安吾は能など見たことがないか、あるいは一度見て懲りたぐらいのことだろう。それでも、梅若万三郎が日本の芸術を代表する名人であるという、おそらく当時の定評であり通念であった認識に拠ってものをいっている。

「美しい花がある。花の美しさという様なものはない」というアフォリズムめいた一句で有名な小林秀雄『当麻《たえま》』は、「梅若の能楽堂で、万三郎の当麻を見た」と書き出される。当時「梅若能楽堂」と称する舞台は2つあった。六郎家の通称・厩橋《うまやばし》舞台と万三郎家の通称

〈二人静〉 後シテ 静御前の霊（初世梅若万三郎・左）、
ツレ 菜摘み女（二世梅若実・右）

高輪《たかなわ》舞台である。小林が見たのは、もちろん後者で、これが昭和17年（1942）2月21日の研能会で、大塚新太郎〈花月《かげつ》〉、梅若万佐世（二世万三郎）〈熊野《ゆや》〉についで初世万三郎が演じた〈当麻〉であることは、雑誌「謡曲界」や「観世」等の記録に照らして明らかである。坂口安吾同様、小林秀雄にしても〈当麻〉が初めての観能かもしれない。とにかく能を見ることになり、それなら、当代折り紙つきの万三郎に限ると判断したか、示唆を受けたかに違いない。——梅若万三郎はそういう存在だった。

写真と録音に拠るしかない我々でも、とにかく堂々たる容姿と声量、声質に恵まれ、華麗で輪郭の大きい、強さと美しさをそなえた芸格と芸風を知ることができる。

行くとして可ならざるはないにしても、本領は〈熊野〉〈松風〉〈羽衣〉〈井筒〉〈江口〉〈楊貴妃〉〈采女《うねめ》〉などの三番目物であった。しかし一方で〈安宅《あたか》〉〈鉢木《はちのき》〉〈木曽〉などの現在物、〈熊坂〉〈山姥《やまんば》〉などダイナミックな曲を得意とし、〈安宅〉に至っては、近代の弁慶役者といわれたりする。芸容の大きさを物語るものだろう。ただし、〈安宅〉に限っていえば、評価が過大に増幅されたきらいもある。何しろ万三郎自身が「私のは余りどうも勢がつき過ぎて居ります」「自分でこんなものにしてしまったのかも知れません」（『万三郎芸談』）と洩らしているのだから。

それはともかく、万三郎が早くから高く評価されていたことは、たとえば坂元雪鳥《せっちょう》［註3］の次のような能評を読むとわかる。

単に「羽衣」としては言ふに及ばず、一般の能として、此日の万三郎の「羽衣」彩色程、完全に面白いのを見る事は、滅多に望めない事だと思ふ。万三郎も何時でも斯ういふ気持に行けるとは請合へないだらうし、本年内に此「羽衣」以上に面白い能を見得るだらうかとまで考へた。斯ういふ出来済した能に、何処が宜いなどと指点する事は不可能の事である。謡や型は勿論、装束の色合から着け具合まで、何ともいへぬ快い円味を見せて、若草の茂つた丸い山を、花の香に充ちた春風が、静かに撫でて行く様な感であつた。豪《えら》い、実に豪い、要所々々を書き留めはしたが、列挙すると全部書かなければならぬ事になるから書かぬ。先づ我々が予想し得る出来栄の、極致に達したものと言へばそれで宜い。此能が済むとモウ何物をも見たくなくなつた。

『坂元雪鳥能評全集』明治45年（1912）正月の梅若会評である。万三郎は45歳。雪鳥も晩年は鉾先が鈍って甘くなるのだが、まだこのころは鋭く意地悪い批評を書いていた。しかも喜多流びいきで、梅若系統には批判的だった。それだけに、右の評から万三郎の舞台がすばらしかったことは、想像するに余りある。

その謡は、ＳＰレコードで聴いても、まさに圧巻である。豪快で自由奔放な謡いぶりは、破格なまでのおもしろさを味わわせてくれる。平ゴマでも増シ節（回シ・引キなど）でも、自在に伸縮させている。それは素謡《すうたい》特有の妙味でもあるが、囃子《はやし》入りでも、囃子と不即不離の間合いがおもしろい。〈高砂《たかさご》〉や〈山姥〉を聴くと、特に呼気の強さがツヨ吟《ぎん》の謡を際立てているし、〈松風〉や〈蟬丸〉になると、緻密な節回しと驚くべき肺活量がヨワ吟の甘美さと華麗さを助長する。

再度、坂元雪鳥を引用すれば、『能楽論叢』（昭和９年・１９３４）で、万三郎の謡の特性を次のように分析している。


普通美音家といふ人は大抵声を出さうとする努力の功を示すが、萬三郎氏は声を出すまいとする努力に、千変万化の音色の妙を示す。普通の人は如何に喉を開けば美音が出るかと苦心するのに、彼は如何に窄むれば宜いかに苦心してる、之が其謡振の極めて繊細な様に聞えながら底力の強い所以である。


天与の声量、声質がしのばれる指摘である。

万三郎を知らない私などが、この人は万三郎の影響と感化をとりわけ受けたと思われる能楽師は、つぎの四人である。子息の四男・二世万三郎と、五男・猶義《なおよし》、甥の五十五世梅若六郎、そして七世観世銕之丞雅雪《てつのじょうがせつ》。ただ、四人の芸風はそれぞれ違う。初世万三郎は強さと優美さを兼備しているが、声の張りの強さを雅雪と猶義が、優美さを六郎と二世万三郎が、受け継いでいるかのようだ。

観世流への復帰をいちばん喜んだのは二十四世宗家観世左近元滋《さこんもとしげ》かもしれない。万三郎は請われて左近元滋の指南役にも当たったのである。

■　■　■

〔註1〕宝生九郎知栄　天保8年（1837）―大正6年（1917）。宝生流シテ方十六世宗家。高い見識を持ち、高い技量を備え持っていた。

〔註2〕櫻間伴馬　天保6年（1835）―大正6年（1917）。金春流シテ方能楽師。左陣。〈道成寺〉〈邯鄲〉を得意とした。

〔註3〕坂元雪鳥　明治12年（1879）―昭和13年（1938）。能楽評論家。雑誌「能楽」を編集発刊した。

二世

梅若実

【うめわか・みのる】
明治11年（1878）4月28日・生
昭和34年（1959）8月16日・歿
日本芸術院会員

二世梅若実については、兄・万三郎との比較なくして語れない。兄弟そろって父・初世実の厳しい指導を受けた。梅若家では有名な「一六の稽古」というのがあった。毎月1と6のつく日に、午前6時または7時ごろから正午過ぎまで一門が集まり、袴能で三番ないし五番の能を稽古する。明治18年（1885）から始め、実の歿する前年の41年末までに約760回を重ねた。のみならず兄弟に対しては毎朝、稽古が課された。一日に謡三番と毎朝舞の稽古、そのほかに寒稽古があったという。これらを通して、兄弟は二百番の能を繰り返し繰り返し習得していった。その兄弟が昭和8年（1933）まで手を携え共演していたのだから、いきおい能への取り組み方、目指すところを共有していたのは当然であろう。

いかに兄弟気が合ったかを示すエピソードが、二人の芸談に出てくる。

まず万三郎の『亀堂閑話《きどうかんわ》』である。

「二人静」で忘れる事の出来ない苦い経験がございます。（中略）大阪で六郎と舞つた時で、（中略）その時の笛は森田操さんでしたが、森田流ではあれを現在物の序之舞として扱つていらつしゃるので、私どもの常々舞つてゐます幽霊の時とは譜が違ふのでございます。／私共はそれに気づかずに常の積りでそのまゝ舞台へ出ましたが、いざ舞にかゝりますと違ふので、さあ困りました。私は譜に合して、どうやら舞つたのでございますが、合舞をしてゐます六郎がどうしてをりますかゞ心配で、冷汗がタラ〳〵と流れ来るのです。まるで馬車馬のやうに一切横が見えませんから、六郎が見附柱の方へ行つて立つてゐるか、どうかがわかりませんでしたが、やつと、角へ行つて、直して、呂を聞いてこちらへ廻つたら、六郎も廻りかけて居るのが見えました。いやその時の嬉しかつた事つたらございませんでした。／六郎も全く同じ思ひで、大息をしてをりました。あの譜でございましたら、あゝやるといふ事は知つてはゐましたのですが、「二人静」にそれが出てくるとは思つてゐませんでしたので弱はりました。／前に伺つておかなかつたために、シテとツレと二人で約束が致してございませんので一人々々別々の方に行つたり、ツレだけが動かなかつたりしたら大変でございますから、あゝいふのは前以て必ず伺つておく事です。／尤も他の方となら充分申合せも致しますのですが、何しろ六郎とでございますから安心しきつてゐましたためでした。

似たようことがあったのを『梅若実聞書』も語っている。

一度面白い事がありました。『石橋』を兄と二人で舞つた時、これはちやんと前もつて申合せもしまして、七段といふ事に定めて舞つたのですが、当日どこをどうぬかしたものか、六段でパッと終つちやいました。笛は未だ吹きつづけてゐる。これは大変、兄貴はどうしたかと見ると、これも下に坐つて終つてゐます。気がぴゆつと合ふといふ事は不思議なものです。あとで楽屋で話合ひましたが、どこをとばしたのか、同時に終つてしまつたわけで、二人ともさつぱり解りません。笛は、一噌要三郎といふ人でしたが、自分が間違へて一つ余計に吹いてたのではないかと、大変心配したと言つてでした。あれを一人だけ七段に舞つたとしたらずゐ分可笑しなものですが、間違ひでも、気が合ふといふ事は面白いものでござゐます。

しかし、これほど気の合った兄弟でありながら、一方では、まったく対蹠《たいしょ》的といえるほ

〈藤戸〉前シテ 漁師の母

ど性格と生き方が違い、得意とする能の傾向や芸風を異にしていた。

性格的には、万三郎はおっとりして泰然自若《たいぜんじじゃく》と構え、芸についても特に工夫や考えをめぐらすことなく教えられた通りを素直に演ずるというふうであったのに対し、実は次男坊らしく勝ち気で負けず嫌い、神経過敏、楽屋でもじっとしていられなくて、装束の世話をしたり小まめに立ち働き、いざ自分の出番ともなれば、装束のつき方が気に入らないと剥ぎ取ってしまったり、癇癪《かんしゃく》を起こしたりする。能も若き日には「やり過ぎる、派手にし過ぎる」などと評されたという。いいかえれば技巧派ということだろう。

これらは、実自身が芸談などで自認し、兄弟を知る人が一様に指摘するところである。芸風は、あたかも万三郎が〈安宅《あたか》〉〈鉢木《はちのき》〉の人と目されがちだが、本当は三番目物の幽玄を本領としたように、逆に、実のほうは優美で三番目物に向いていると評されながら、むしろ〈芦刈《あしかり》〉〈山姥《やまんば》〉あるいは痩男《やせおとこ》物の〈阿漕《あこぎ》〉〈善知鳥《うとう》〉〈通小町《かよいこまち》〉などを得意としていた。つねに「鬘物は兄貴には叶わない」といい、長男の五十五世六郎を万三郎に師事させた。五十六世六郎玄祥《げんしょう》によれば「父は、祖父とは対照的に静かなおっとりとした人で、三番目物が得意」なのは万三郎の感化を受けているからだ、それくらい実は、終生、万三郎のことを「認めに認めていた」という。

この梅若実の晩年に師事した劇作家で演出家の堂本正樹は『古典劇との対決』で、感銘を受けた舞台の数々をあげ、

「隅田川」で見せた死への憤りと生の悲痛、「木賊」で示した老の孤独、「善知鳥」で描いた地獄を通しての人間絶望と救済の啓示、「景清」の時代に逆って己の運命を突き詰めようとする我執、「大原御幸」の青春を僧院に埋められる事の秘めた嘆き、「摂《せっ》待《たい》」の反戦、「藤戸《ふじと》」の弱者の反抗と生命の主張、「東岸居士《とうがんこじ》」の脱俗の無味、「松風」の恋の屈辱と狂気、「安達原」の人間と神の対決とその敗北、「卒都婆小町」の生の均衡の破綻と肉体の外にあふれる観念の無惨さ等。実以前の能では思いもかけなかった、新鮮な現代の魂の生きづきだった。

と追想する。万三郎、五十五世六郎との違いをよく想像させる文章でもある。

昭和8年（1933）3月3日、岩手県釜石市の東方沖を襲った昭和三陸地震があった。地震と津波で死者1500名を越える甚大な被害であった。梅若流は同月23日、厩橋《うまやばし》舞台で「三陸地方震災義捐能」を催したが、立錐《りっすい》の余地もない盛況のため、閉会後に廊下の一部が陥落したそうである。その後も、軍人会館（元、九段会館）や帝国劇場、東京宝塚劇場で「大衆能」を、日比谷公園新音楽堂で「野外能」を、続々と主催している。今では劇場

能や野外能が盛んに行われているが、戦前の能楽界は、能楽堂以外での演能を御法度扱いしていた。こんなところにも梅若実独自のセンス、社会に向けて開かれた姿勢を感じる。

今の私たちは映像ではわずかにビデオで〈鞍馬天狗〉の後シテを見ることができる。善《よし》政《まさ》と名のっていた玄祥の子方を相手に、まるで巨大な岩が動き出したような圧倒的な存在感である。謡はSPレコードでいろいろ聴くことができる。声量・声質の見事なこと、息の強さと優美な節扱いは、すべて兄万三郎と共有しながら、より求心的な謡い方という感じを受ける。少し含み声の、独特のツヤのある発声に特徴がある。

明敏な頭脳と実行力を持ち、人に屈しない気性だったからでもあろう、いわゆる観梅《かんばい》問題で波瀾万丈な人生を歩むことにもなった。ことに戦中戦後は、社会的変動と混乱の煽《あお》りを食いつつ、翻弄される。

まず、終戦直前の昭和20年4月、情報局の統制で能楽協会が設立され、「観世家ヨリ梅若家ニ対スル大正一〇年七月五日附除名通告ハ之ヲ取消スコト」と「観世流梅若派ハ五流ニ準ズル処遇トスルコト」という覚え書が作成され、五流宗家、梅若六郎（実）、内務省警保局長古井喜実の七名が調印した。そして、従来は梅若専属だった三役（ワキ方・狂言方・囃子方）は所属を解かれ、それぞれの役の家元の支配下に入ることになった。この能楽協会が実質的に活動を開始するのは戦後の同22年だが、この時、梅若派として独自の立場を主張する梅若家と、「五流に準ずるとは事務的な意味で、芸事上認めたわけではない、観世流に編入して協会に入会せよ」という観世側とのあいだに争点が生ずる。梅若は観世流編入を承服しないので、観世宗家は梅若一門の離脱を通告する。すでに所属三役を奪われている梅若は、演能不能に追い込まれる。しかし、翌23年、GHQの勧告により三役は梅若流の演能にも協力出演する。ところが、同26年講和条約発効後はGHQの勧告は無効とされ、ふたたび演能不能に陥る。事態を収束すべく、観世流以外の役者も乗り出して、能楽協会は、仲介者に元内務大臣湯沢三千男を立て、協議を重ねる。五十五世六郎を当主とする梅若家も、観世宗家との和解を決意する。結局、同29年1月に妥結を見る。「宗家制度に従い、観世流の規約習慣を守る」というのが基本条項だが、梅若家には免状発行につき有利な条件が付帯され、『梅若流謡本』も『梅若謡本』として発行を認められた。――結局、梅若流の名は捨てたが、実を取ったのである。

晴れて能が舞えるようになった実は、29年に〈隅田川〉を3回、〈鷺〉(王は観世華雪)〈大原御幸〉〈卒都婆《そとば》小町〉、30年に〈熊野《ゆや》〉〈班女《はんじょ》〉〈井筒〉、31年〈松風〉、32年〈景清〉、33年〈田村〉〈東岸居士〉〈蟬丸〉〈烏帽子折《えぼしおり》〉。そして11月22日、大阪での〈摂待《せったい》〉が最後の能となった。この間、30年1月に日本芸術院会員となっている。

若いころは斗酒《としゅ》なお辞さず、終生、大の愛煙家だった。「お酒や煙草で荒れるような声なら謡などやめてしまえ」といっていたという。21世紀の今日通用しない発言だが、小気味のよいせりふでもある。

観世華雪

【かんぜ・かせつ　六世観世銕之丞】
明治17年（1884）11月14日・生
昭和34年（1959）1月6日・歿
日本芸術院会員

観世華雪は、六世観世銕之丞である。観世銕之丞家は、江戸時代の宝暦年間に十五世観世元章《もとあきら》の弟、織部清尚《きよなお》を初世として樹立された、観世宗家の分家である。代々、家元補佐あるいは家元継承の重責を担ってきた。事実、初世清尚と二世清興はのちに宗家を継いでいるし、華雪も昭和14年（1939）二十四世宗家観世左近急逝後は、同25年、二十五世観世元正（後の左近）の成人まで、指導に当たり後見役をつとめた。

明治の能楽復興期に初世梅若実がその功績を成し遂げた背景には、この名家である銕之丞家の五世紅雪《こうせつ》を協力者に得たという事情がある。紅雪の妻は初世実の姪であり、そのあいだに生まれた華雪（初名、織雄）の妻は初世実の次女である。つまり、華雪にとって初世実は母の伯父であり、また岳父であり、万三郎・二世実は義兄である。

ところで「能楽画報」の明治44年（1911）3月号に、観世鐵之丞《ママ》（紅雪）による「能楽瓦解当時の苦心」という文章がある。

私が廿三歳の頃と云へば、上野に戦争があつて、世の中が騒がしい時分であつた。勿論能や謡処の沙汰ではない。私共は売り食ひをして、只もうヒク〳〵命を繋ぎ、干魚を一枚余計に買つても、直ぐ生計に差支へると云ふ程に哀れな境涯であつた。デ、私も何うしても食つて行く事が出来なくなつて仕舞つたので、梅若老人の家へ転げ込んだ。其頃老人の家へ厄介になつてゐたものは、清之に万三郎の養父の吉之丞、夫れと私の三人であつた。そして三人共老人から稽古をして貰つてゐた。（中略）実老人は、謡は三度の飯よりも好きと云ふ位であつたから、一方に斯く物質的の窮迫はあつても、芸道は忽せにした事がなかつた。それで私もミツシリと仕込んで貰ふ事が出来たのである。

「上野に戦争」があったのは慶応4年（＝明治元年・1868）5月だから、当時、正確にいうと紅雪は満25歳、清之《きよし》（当時は源次郎）は19歳、「梅若老人」（初世実）は40歳である。そ

〈半蔀〉後シテ 夕顔の女の霊

の年の暮れに万三郎が生まれ、10年後に二世実が、16年後に華雪が生まれるのである。明治13年（1880）に鳥越へ移るまで、紅雪は梅若家に同居している。

梅若家と銕之丞家との連携については、前者が後者を取り込んだ政治性を読み取るのが定説である。旧幕時代、禄高は梅若家のほうが高かったが、もちろん家格は観世大夫家分家筆頭という銕之丞家との繋がりは、梅若家にとって有利に働いた。しかし、右の紅雪の回想記によれば、銕之丞側にとっても、経済的な困窮から脱するため、また、15歳年長の初世実から教わるところがあったためと、大いに実利があったと思われる。

華雪は、紅雪が浅草鳥越に転居してから、明治17年に生まれた。幼名は織雄《おりお》だが、同43年、父の隠居にともない六世銕之丞を襲名する。のち大正7年（1918）、実弟の茂に織雄を襲名させ養嗣子《ようしし》とし、さらに昭和22年（1947）、織雄に七世銕之丞を襲名させ、自身は華雪と号した。

稽古は、初めは父・紅雪から受け、のち義兄の竹世（二世実）、ついで岳父・初世実にも義兄・万三郎にも師事した。徹頭徹尾、梅若家の中で人となったので、芸力の根底はそこで形成されたのであろうが、表現された結果は、万三郎とも実とも違う独自の芸風、芸境をおのずから培っていったように思われる。

華雪の人柄を語る時は、誰もが「温厚篤実《おんこうとくじつ》」「穏やか」「人格円満」「素直」「上品」「品格」などの形容を用いる。芸風もまた、それと軌を一にして、「しみじみとした情感」「素直で癖のない」「静かななかに強い気迫」「繊細でしかも強靱」というのが定評である。小西甚一は、世阿弥のいう「閑花風、銀垸裏に雪を積む」、あるいは芭蕉のとなえた「ほそみ」の境地にたとえた。

晩年に至ってそういう芸境に達したのかといえば、必ずしもそうではない。『坂元雪鳥能評全集』を見ると、明治末年から大正にかけて、若き日の華雪への評語は「由来此人の芸の上品な事は定評ありて、クセから切にかけて　種々の型、何れも立派なものだつた」（明治45年〈清経〉）、「初同、情景申分なく中入の気分も立派だつた。（中略）序ノ舞が無類の麗しさ（中略）面影、と沁々と見込み、（中略）見れば懐かしや、と謡いきつた風情も上品（中略）何しろ立派な物で、大正になつて第一に気持の宜い能だつた」（大正元年〈井筒〉）、「一体に上品な出来だつた」（大正5年9月〈松風〉）、「心持にも十分深さがありました」（大正10年〈俊寛〉）というのであって、早くから人柄と相俟って、静かな衒いのない、正攻法の技法で、しかも端正な美しさをもっていたことがよく分かる。

最もよく華雪の芸を理解し、特にその謡の魅力と真価を伝えている文章に、三宅杬一《こういち》「観世銕之丞氏の謡」（「謡曲界」昭和17年9月号）がある。一部だけ引用する。

銕之丞氏が有り来りの観世流と違ふところは、声が綺麗事本位でなくて自然の巧まぬ味があること、技巧を表に露呈させないからわざとらしい嫌味がないことである。従つて派手で美しくはないが、渋くつて奥床しい。……何の衒ひもなければ作りごともなく、いはば黙々といつた感じで、謡文に盛られた景趣情感を一言一句そのまゝに読んで行く謡ひ口、私はまさに天下一品だと考へる。余には銕之丞氏よりも表現力の優れた名調子もあるであらうが、文章の味そのまゝの名朗読といつた感じに於ては、銕之丞氏の声は何人の追随も許さぬと思ふ。……銕之丞氏の謡は、口調は平淡な朗読口調であつても、覇気に富むこと、気合の張り切つてゐることなどに於ては、到底そこら辺の生緩い謡とは比較になるものではない。

孫の八世銕之亟（静夫・静雪《じょうせつ》）が観世華雪三十七回忌追善能（平成6年6月3日）のパンフレットに書いた「華雪の教え」も、説得力がある。

華雪は、謡うところでも語ることを決して捨てることなく、言葉を大事にし、謡の形式を重んじながら、形式に負けない、抑揚に流されない、アクセントのはっきりした、舞台でのリアルな言語をもっていました。この教えを私は、一生守っていきたいと思っています。親父、雅雪にしても先代の万三郎の芸に傾倒していましたが、それも華雪の「語る」演技を通して、万三郎を摂取していましたし、寿夫の舞台にも、華雪の教えは生きていて、戦前のメロディカルな謡、流麗な謡を、昭和40年代には寿夫の言葉で言えば「謡でも、動きでもブレーキを踏みながらアクセルを踏むような、引っぱり合いの力がドラマを生み出す」という主張で舞台を創り出しました。

八世銕之亟自身にいたる、華雪・雅雪・寿夫三代それぞれの芸の特質と、そこに一貫し通底しているものは「語る」ことであり、それは形式を重んじながら形式に流されない、リアリティーであったことがよく表現されている。八世銕之亟の謡にもそういう精神が流れていたと思う。

ところで戦後まもなく能楽協会から発行されていた月刊誌「能」の昭和23年（1948）12月号の座談会「今年度の演能回顧」に、華雪に触れて興味深い発言を見ることができる。広瀬政次（能楽研究家）、松野奏風（能画家）、三宅襄《のぼる》（能楽評論家）、野々村戒三（能楽研究家）の問答である。

広瀬　九月の三井寺なんかが一番良かつたのぢゃないでせうか。
松野　それなら何処が良いと訊かれると困るんだが……。
三宅　カケリの前に狂女らしい気持ちがありました。あの日は運びがきれいでしたね。
野々村　あの三井寺を見てゐると、先の喜之と共通したものを感じますね。
広瀬　あれが観世の正しい行き方かも知れません。
野々村　清之にはもつと似てゐますが。
三宅　あゝ、先生は清之を御存知ですな……芸の細かいところは……。
野々村　先の銕之丞より、むしろ清之に似て行きますね。

野々村戒三は明治10年生まれである。観世清之《きよし》の歿した同42年に30歳だから、清之への記憶は鮮明なのだった。清之は華雪にとって叔父。幼時は宗家観世清孝に、16歳からは養父初世実に鍛えられ、初世実を輔けて明治の能楽復興に尽くした人であり、鋭さと堅実さを併せ持ち高い芸格を謳われた人である。その清之に似ているというのは、宗家、分家、梅若家のすべてを体現した、まさに観世流の正統といえるのかも知れない。

《宝生流》

松本長と野口兼資

十六世宝生九郎知栄《ほうしょうくろうともはる》には実子がなく、しかも将来を嘱望されていた養子・豊喜は明治23年（1890）にわずか16歳で病歿した。悲嘆にくれていた九郎を支え、その片腕的存在だったのは流内の名家、松本金太郎であった。まもなく金太郎の次男、松本長《ながし》が内弟子として稽古に通うようになり、さらに二、三年のち名古屋の野口庄兵衛の孫、野口政吉《まさきち》（のちの兼資《かねすけ》）も内弟子として住み込むようになる。野口庄兵衛は、役者としては地謡《じうたい》の一員にすぎなかったが、催しを支える番頭格でやはり九郎の参謀であった。すなわち、松本金太郎と野口庄兵衛の二人は車の両輪のように九郎を輔佐《ほさ》し、その後嗣、長と政吉がまた九郎門の高弟の双璧と謳《うた》われるに至ったのだから、宝生流にとって松本・野口両家は運命的に深い関係なのである。

松本長

【まつもと・ながし】
明治10年（1877）11月11日・生
昭和10年（1935）11月29日・歿

松本長を論ずるには、やはりその父祖に遡らざるを得ない。その父、松本金太郎（天保14年・1843―大正3年・1914）は金沢前田藩お抱えの江戸詰手役者、葛野《かどの》流大鼓《おおつづみ》方・中田万三郎の次男で、幼少時から宝生九郎知栄《ほうしょうくろうともはる》に師事した。そして、少年時代に宝生座付地謡《じうたい》方であった松本弥八郎の養嗣子《ようしし》となった。金太郎の甥に泉鏡花《いずみきょうか》［註1］と下村観山《しもむらかんざん》［註2］がいた。すなわち松本長は、泉鏡花・下村観山といとこ同志である。金太郎の素人弟子には徳川家達《いえさと》［註3］、山縣有朋《やまがたありとも》はじめ華族が多く、上流人士の人気を集めていた。

金太郎は、明治18年（1885）、神田猿楽町に素人の稽古用に松本舞台をこしらえ、のちに増改築し、これが大正の震災までは宝生会の拠点であった。宝生九郎が〈姨捨《おばすて》〉や〈関寺小町〉を舞ったのもこの舞台である。だから、維新後の宝生流は松本家で復興したといってもよい。それに、金太郎の養父、松本弥八郎は、弘化勧進能に宝生九郎の父、宝生弥五郎紫雪を輔けて活躍した役者だから、父子二代にわたる信頼関係であった。

そういうわけで長は、松本舞台ができたころから、父・金太郎の稽古を受け、子方《こかた》としてすでに舞台に立っていた。晴れの舞台の最初は、明治20年11月、徳川家達邸での行啓能《ぎょうけいのう》に宝生九郎の〈三井寺〉に子方で出た時である。そして、同23年10月〈花月《かげつ》〉で初シテをつとめ、25年、改めて宝生九郎知栄に入門した。

明治32年〈道成寺〉、大正6年（1917）〈卒都婆小町《そとばこまち》〉を披《ひら》く。宝生九郎のスパルタ稽古は有名で、早世した豊喜も野口政吉、近藤乾三もさんざんに殴られている。そんな中で、松本長だけは一度も殴られていない。しかし、殴られていないだけの話で、40歳、50歳になっても、内弟子時代同様に厳しく叱責されながら、鍛錬されたことには変わらない。松本長の芸風については、堅実であるとも熱演型であるともいわれるが、端正で品位高く、しかも力強い芸であったことでは定評がある。

いま残っている録音で〈弱法師《よろぼし》〉のクルイなどを聴くと、格調の高い謡とはこういう謡のことだとつくづく思わされる。少し喉を詰めた感じの発声だが、声量はのびやかで、発音が明断で美しく、しかも秩序立っている。型のほうは江島伊兵衛の残した映像で見ることができる。〈松風〉〈籠太鼓《ろうたいこ》〉が断片的に映っているだけだが、これはもう一糸乱れぬ美しさであり、端麗でしかも力強い。

高浜虚子『能楽遊歩』に載った能評からも、その点が確認できる。

松本長氏の〈天鼓〉の「心も危きこの鼓、うてばふしぎやその声の」のところ又「うつなり〳〵汀の声の」のところの鼓を打つ手の微妙なる動作などは鍛錬の芸術である能楽の極致である。なほ松本長氏の〈景清〉は『松門』の出からして見所一杯に浸み渡つた心持がした。（昭和9年12月14日『東京日日新聞』）

松本氏の芸の旨味はだん〳〵私にわかつて来るやうに思はれる。際立つて光るところのない芸であるが、その点が松本氏の長所である。敢て小器用に芸の冴えを見せようとせずしつくりと正しく強くひた推しに推して行くところにいふにいはれぬ味がある。〈頼政〉を見て殊にその感を深くした。（昭和10年6月11日『東京日日新聞』）

日本の音楽、特に声楽を、語り物と歌い物とに分ける考え方がある。三味線音楽でいえば義太夫はこれを演奏することを「語る」といい、長唄は「歌う」というから、義太夫は語り物、長唄は歌い物と、一応は、分けることができる。

〈松風〉シテ 松風

ところで、能は、謡《うたい》を「謡《うた》う」とはいうけれど、歌い物ではなく語り物と考えるのが現代の常識だろう。能の謡は、もちろん音楽だけれど、抒情的に旋律を歌い聴かせる歌謡ではなく、叙事的に内容を語り聞かせるドラマの詞章だからである。

この点に着目して、大正時代に、宝生流の謡を論じた人がいる。高浜虚子「『語る』といふこと」である。虚子は、他流の謡は「主として諷詠するところに其の妙味を存」するのに対し、宝生流の謡は「朴訥なる謡口の中にしつかりした情緒を含めて」いて、その「奥底には力強い表情がある」。そこで「宝生流は語り他流は謡ふといふことを常に感じてゐる」という。さらに、この「語る」という特徴は宝生九郎の創意であり、九郎が弟子を教育するに際して開発した工夫であろうと推理し、松本長の謡にそれが顕著であることを次のように指摘する。

九郎翁の謡を聞くのと今日の松本長氏の謡を聞くのと比較してみると、私は九郎翁の謡よりも、長氏の謡の方に其語るといふ傾向は判然と出てゐて、其点に於て同氏独特の技倆を看取することが出来るのである。これ一つには、九郎翁は生来美声家であつて、如何に工夫するも其嚠喨《りゆうりよう》たる声の艶に打勝たれて、所謂語り物として謡曲を取扱う点に於て、寧ろ一種の不便が伴つてゐる。此九郎翁の美声といふことは一方から言ふと翁の天賦の恵沢であるが、又一方から言ふとそれは翁の謡をわざはいしてゐる所も少くない。それが長氏になると、敢て悪声家と言ふのではないけれども、翁よりも艶の少い声であつて所謂艶消硝子として底深く表情を潜ますのには翁の声よりも素質に於て適当した声である。（中略）翁が自分には出来ないと思ふ所も尚長氏に強ひ、長氏はまた其言葉に刺戟されて工夫し開発し、翁はまた其工夫を批判し督励し、斯くて翁師弟の間に、従来の謡曲界に未だ曾て無かつたところの新しい或物を常に生産しつゝあるのであらう。前に述べた『語る』としての今日の宝生の特色はかゝる状態のもとに醞醸《うんじよう》されつゝあるものと私は考へる。

「語る」謡を「未だ曾て無かつたところの新しい或物」という、この虚子の説が当を得ているとすれば、能が語り物であるという捉え方は、そう古くからではなかったことになる。「語る」謡が宝生流を代表する風となり、さらにそれが他流にも影響を及ぼし、汎能楽界的に普遍化した。その源流に松本長がいた、といえようか。

■

大正5年（1916）4月、80歳の高齢に達した宝生九郎は、関係者を招き、松本長を十七世宗家にさせると決めたと発表する。松本家の宝生流での貢献度、筆頭弟子たる長の家柄、芸力、人格のいずれに照らしみても、長が指名されることに流の内外ともに何の疑いもないという空気であったらしい。ところが、大正6年3月9日に九郎は歿するが、その直前、長は宗家相続を辞退し、後継者には松本・野口よりも20歳若い宝生勝（分家宝生嘉内の次男。のちの九郎重英《しげふさ》）が決定した。

柳沢英樹『宝生九郎伝』には、九郎の亡くなる前日の3月8日の朝、長、政吉、嘉内の三人が枕頭に呼ばれて後事に就いて重大なる相談があつた。それは最近に至つて兼て後嗣に内定してゐた長が宝生家の相続を辞退したので、翁は熟慮の結果、嘉内の二男勝を相続人に取極めやうと思ふが、お前達に異存はないか、よく相談して見ろ。といふのであつた。三人は枕頭を下つて別室で（近藤）乾三、（藤野）濤平、（桐谷）正治三人を加へて相談したが、異見を挿むものはない。

とある。が、新聞報道は少しニュアンスが違う。3月24日の東京朝日新聞（倉田喜弘編『大正の能楽』）には次のようにある。

故九郎翁が、松本長氏を其相続人と指定せしも長氏は之を辞退せし為め、去る二十日宗家に於て親族門下集会協議の結果、宝生嘉内氏の次男たる勝氏を相続人に推定し、松本長氏、野口政吉氏其芸道後見人として宗家を輔佐する事となれり。

この間の事情について、大河内俊輝『繚乱の花』に、ややスキャンダラスな憶測や推理がのべられているが、本当のことはよくわからない。結果論として、家元にならなかったのは、松本長にとって幸いだったろう。

昭和10年11月29日、松本長は58歳で、当時としても早すぎると惜しまれながら、他界した。喜多実は「恬淡で高雅な風格は、能界の誇」「その芸も、たたき込んだ厚味は勿論第一流のものと敬服して居た。宝生一流の損失に止まらない」と称えた。

■ ■ ■

〔註1〕泉鏡花　明治6年（1873）—昭和14年（1939）。小説家。『高野聖』などの伝奇小説、『天守物語』などの戯曲も多く手がけた。

〔註2〕下村観山　明治6年（1873）—昭和5年（1930）。日本画家。東京美術学校（現・東京藝術大学）の第一期生。岡倉天心が野に下った時、横山大観・菱田春草とともに日本美術院の創設に参加した。

〔註3〕徳川家達　文久3年（1863）—昭和15年（1940）。徳川宗家の16代当主。貴族院議長。

野口兼資

【のぐち・かねすけ】
明治12年（1879）11月7日・生
昭和28年（1953）10月4日・歿
日本芸術院会員

野口兼資（昭和6年までは政吉）は、謡を祖父野口庄兵衛、型を松本金太郎に学び、明治18年（1885）、〈雲雀山《ひばりやま》〉の子方《こかた》で初舞台を踏み、のち十六世宝生《ほうしょう》九郎《くろう》知栄《ともはる》の内弟子となった。松本長《ながし》よりも1歳だけ若く、長のように名門ではないが、同25年に九郎に入門し、長が〈道成寺〉を披《ひら》いた32年に〈石橋《しゃっきょう》〉の連獅子を長・政吉で舞い、翌33年に政吉は〈道成寺〉を披く。そのように、宝生九郎は二人を甲乙なく平等に訓育した。九郎門高弟の双璧と謳われ、流内外の畏敬を集めた。

坂元雪鳥《せっちょう》は二人を比較して、「政吉氏の芸は長氏の様な窮屈さがない」「彼は長氏の様に堅くなく却て柔かい所が特色だと思ふ。然し其所に或意味の不定が胚胎する。時々は面白くて時々は全く面白くない出来がある」「長氏の上出来よりも政吉氏の上出来の方が高級に及ぶといふ事を言つた人がある。予は言下に酬るに次の言を以てした。政吉氏の不出来は長氏の不出来よりも更に低級に降るト。即ち政吉氏は長氏より遙かに広い出来不出来の範囲を持つて居る」。——この雪鳥評は二人の50歳代のことであるが、要するに優劣の差はない。長は天才型、政吉は鍛錬型というのが定評だったというが、ともに後進にとっては軌範とすべき両面であった。

再度、高浜虚子『能楽遊歩』を引用すると、野口兼資の〈巻絹《まきぎぬ》〉について次のように評している。

シテの橋がかりの出は立派であつた。「この縄とけとこそ」とうつ向き加減に男を見た姿勢の美しさは今も眼に残つてをる。その美しさを眼にとめ乍ら私は止むを得ざる用事があつて退場したのであつたが、松本長氏遠逝後のこの舞台は野口氏なほ存してをるに拘らず、何となく落莫の感じがする。しかしその代り予々私が希望してゐた後進を養成する意味で、若い人々に役を振ることが多くなつて来たことは喜ぶべき現象であると思ふ。やがては宝生九郎翁が晩年は弟子の育成にのみ意を注いで、松本、野口の二人を打成したごとく、野口氏は後進の育成に全力を注がねばならぬ時が来るであらう（昭和11年2月15日、東京日日新聞）。

実際、そういう日が戦後は訪れたのである。

昭和10年（1935）に58歳で亡くなった松本長よりも18年長生きした分だけ、野口兼資のほうがより洗練と深化を遂げ、幽玄無上と謳われる境地に達したといえるかもしれない。

野口兼資は昭和28年10月4日、福岡で〈隅田川〉の演能中に倒れ、帰らぬ人となった。昭和33年ごろから能を見始めた私は、もちろん見ていない。しかし、誰彼となくその舞台を見知って追慕する先輩から伝え聞く機会はきわめて多かったし、録音や映像で知ることも少なくないので、同10年に亡くなった松本長とは、認識の度合いが違う。前述の江島伊兵衛〔註1〕の映像や、戦後文化財保護委員会が撮った〈羽衣〉を見ても、重厚で気合が充実していながら、豊かな潤いが感じられる。

高橋義孝は「野口さんは晩年、人間ではなくて、『能』そのものであつたやうな気がする」といい、三島由紀夫は「この名人の演ずる鬘物の、brilantで暗鬱な美しさは、新古今風な頽廃美の忠実な再現のやうに思はれる」と評した。宝生流に対しては露わな批判を隠さない堂本正樹にして、著書『能・狂言の芸』で「六平太の鮮技は虚空を翦り、野口兼資の存在は時間を領し、梅若実は情念の肉声によって歴史を超えた」といい、兼資の〈鷺〉

〈隅田川〉シテ 梅若丸の母

の写真キャプションに「白い存在としての鳥が佇つ」と記し、敬意を示している。

謡についていえば、兼資の謡の明らかな特徴は、極度の難声である。若き日の稽古で声帯を痛めた結果というが、音が断続する。初めて聴く者はこれが謡かと、びっくりする。しかし、ふしぎなことに、聴き慣れてくると、難声でありながらすぐれた謡であることが分かってくる。その間の事情は、どのように分析、解明されているだろうか。三人の信頼すべき発言に耳を傾けたい。

まず喜多実。

大牢の滋味とはこれを謂ふのであらうと思はれた。一般の人には、あの苦渋の声調が邪魔になつて、その味に迄到り得ないだらうと思ふが、官能を超越して、ひたひたと心を以て心に接し得たなら、そこに自由な伸び伸びとした、謡の躍動を感ずることが出来るだらう。大きな謡だと思ふ。

つぎに穂高光晴［註2］。

苦しいのではなく、じっくり聞いていると、楽しく謡っている独特の風情に、知らず知らず引き込まれ、陶酔境にひたっていくという不思議な魅力があった。宝生流の謡は迫力に満ち、皆上手であるけれども、その誰よりも兼資の謡は迫力満点で、群を抜いて魅力的であった。囃子との合い方も寸分の隙もなく、ノリ（リズムの運び方）の良さは天下一品。それに匹敵する名手は宝生九郎知栄はいざ知らず、松本長と比べても少しも遜色なく、それ以後の宝生の謡い手の誰よりも傑出していた。（中略）これだけの素晴らしい謡い手は私の知っている限りでは喜多流の故粟谷益二郎、金春流の故櫻間弓川以外には記憶にない。

そして近藤乾之助［註3］。

野口先生は難声でした。（中略）しかし、その声は澄んでいるのです。そして、何ともいえず、やさしさがある。声のつながりでなく息のつながりがあって、つまり、飛び出さない声でした。

特に、喜多実の「自由な伸び伸びとした、謡の躍動」、近藤乾之助の「声のつながりでなく息のつながりがある」という指摘は見事である。穂高光晴の、美声をもって鳴る粟谷益二郎や櫻間弓川《さくらまきゅうせん》とあえて並べたところも逆説的な説得力がある。

■

昭和23年（1948）ごろから、多摩川能楽堂で、野口兼資と観世華雪《かせつ》を師匠役に仰いで、若手役者たちの勉強会が始まった。指導者は兼資・華雪に幸祥光《こうよしみつ》。稽古を受けたのは、宝生流の松本惠雄《しげお》・波吉信和・三川《みかわ》泉・近藤乾之助・今井泰男［註4］と観世流の観世寿夫《ひさお》・榮《ひで》夫《お》・静夫（八世銕之亟）・鵜澤雅《うざわまさし》。宝生流と観世流の当時の若い能役者たちが、流儀を超えて合同の稽古会である。当時、宝生流では家元以外の者に指導を受けるのはご法度だったから、これは秘密会だった。

しかし、この勉強会や、その前後の交流を通して、観世寿夫や静夫は宝生流に学んだところを自身のものにし、表現力を伸ばすことができた。晩年、観世寿夫の虎の門病院の病室には野口兼資の遺影が飾られていたという。その寿夫の影響と感化を受けたのは銕仙会《てっせんかい》の役者たちにとどまらず、他流にも及んでいる。もちろん、宝生流のその後、昭和から平成にかけて担ったのは松本惠雄以下の人々である。

この勉強会は二、三年続いたが、やがて家元九郎重英《しげふさ》の知るところとなり、取りつぶされたという。その中にあって、野口兼資はどうしたかというと、大河内俊輝は次のように総括している（「戦後のある時期」、『能楽思潮』40—41）。

> 若い連中が教えてくれといえばよしという。別に家元に断りをいうわけではない。といって家元にたてつくわけでもない。家元も野口に文句をつけるわけにはいかないのだ。その代り青年がお叱りをうけても、野口がとりなすわけではない。

まことに超然たる身の処し方である。

超然たるといえば、野口兼資にはふしぎな伝説（大もとの出どころが何なのか審らかにしないのだが、兼資を論ずる多くの人が引き合いに出す逸話）が、つきまとっている。それは、兼資がある能の前シテで中入し、作リ物の中で（楽屋で、という説もある）後シテの扮装を整えながら間狂言の語リを聞いて、この能はそういう筋だったのかと、はじめて知ったというのである。この逸話は、野口兼資が知識や理屈で能を舞うのでなく、身体がすべてを知っていた、そのことが尊いのだといいたいための伝説であろう。

しかし、ここには微妙な誤解が介在していて、実は信ずるに足りない話であることは、観世寿夫の『役者と作品』という文章（銕仙265）を読むとよく分かる。

これは違うのであって、野口先生のためにもその真意をはっきりさせておかなければいけないと思うので補足すると、先生は曲の筋も知らないで演ったのではない。シテ方の教本である謡本には、アイの語リの文句は書かれていないから、謡にない内容をアイが語ることはしばしばである。そこで、シテ方はよくアイの語リを聞いて、そういうこともあったのかと、曲にまつわる話を知らされることがある。先生のいわれた意味もそうなのであって、筋も知らず作品の背景も知らずにやるということとは違うのである。

同じ趣旨のことを寿夫から直に聞いたこともある。やはりこの常識的な指摘が正しいだろう。昔気質の名人は話の筋など超越しているのだと考えるのは、神秘主義的な買いかぶりであり、インテリのおもしろがり過ぎである。

■ ■ ■

［註1］江島伊兵衛　明治28年（1895）―昭和50年（1975）。宝生流謡本版元わんや書店社長・能楽研究家。出版業のかたわら、能楽三役の後継者養成に尽力。能楽文献を網羅する鴻山文庫を設立。歿後、法政大学能楽研究所に寄贈した。

［註2］穂高光晴　大正2年（1913）―平成14年（2002）。能楽囃子方（幸流小鼓方）。本名、田中允。青山学院大学教授（日本中世文学）。

［註3］近藤乾之助　昭和3年（1928）―平成27年（2015）5月1日。宝生流シテ方。近藤乾三の長男。

［註4］今井泰男　大正10年（1921）―平成27年（2015）10月28日。宝生流シテ方。玉華会主宰。平成19年に難曲の〈関寺小町〉を流儀としては104年ぶりに上演した。

《喜多流》

十四世 喜多六平太能心

【きた・ろっぺいたのうしん】
明治7年（1874）7月7日・生
昭和46年（1971）1月11日・歿
文化勲章・日本芸術院会員・人間国宝

明治維新は、もちろん、能にとっても大きな転換期だった。存続自体が危ぶまれたくらいだから、シテ方五流宗家をはじめとして、安穏な生活を送り、スムーズに子弟への芸の伝承が行われた家はない。そんな中でもとりわけ深刻だったのは喜多流である。幕末・維新時の宗家で明治2年（1869）に亡くなった十二世喜多六平太能静《のうせい》には息男がいなかったので、翌3年に、能静の五女とよの婿として十三世勝吉が喜多家の養子となったが、わずか2年後の同5年に離縁となる。しかもその間に伝来の面装束はすべて手放されたらしい。それから10年近くの間、喜多宗家は中絶していたのである。

明治13年に旧幕臣宇都野鶴五郎・能静三女まつ夫婦の次男千代造が、数え7歳で喜多家の養子になり、翌14年に養母のとよ（勝吉の妻）歿後に、喜多宗家を相続した。つまり千代造は十二世六平太能静の外孫であり、彼がのちに十四世喜多六平太能心となるのである。

実父の宇都野鶴五郎に能の心得はなく、祖父は彼の生前に亡くなり、養父は離縁されていたから、千代造には教導者たる師父がいない。他流の名人たちとそこが違う。梅若万三郎・六郎兄弟には初世梅若実という父がいた。松本長《ながし》・野口兼資《かねすけ》には十六世宝生九郎知栄《ともはる》という家元がいた。櫻間《さくらま》弓川《きゅうせん》には父伴馬に加えて宝生九郎の援助まであった。

その千代造を指導したのは、まず旧水戸藩抱えの松田亀太郎と、代々彦根藩の能太夫だった分家の喜多文十郎《もんじゅうろう》である。松田亀太郎は故実に詳しく、大曲・秘曲の類を千代造に伝えるなど、喜多流の再興に貢献した人といわれている。喜多文十郎は代々彦根藩抱えの分家で、やはり万事に心得があり律儀な芸風だったという。また旧大名の藤堂高潔《たかきよ》伯爵は、素人とはいえ、能静から免許皆伝を受けた腕前で〈石橋《しゃっきょう》〉の稽古を千代造につけたという。そして、亀太郎と文十郎が亡くなってからは、相次いで弘前《ひろさき》の紀喜和、福岡の梅津只円《しえん》、熊本の友枝三郎が、指南番だった。いずれも十二世能静に仕込まれた弟子家の古強者たちである。

この修業時代を、『六平太芸談』は、次のように回想する。

松田は柔かな、圓い稽古で、底意地のわるいところもありましたが、教へ上手でした。自分ではめつたに舞つて見せません。それに比べると文十郎は、自分で舞ふと立派なものでしたが、教へ下手で、むやみにガミガミ叱るのです。そして梅津を文十郎型とすれば、友枝は松田式でした。松田も友枝も稽古の時に人がゐると決して直しません。それぐらゐ出来れば結構ですと賞めておいて、人がゐない時には厳しく直します。文十郎はこれと全く正反対でした。（中略）私のやうに、いくたりとなく多勢の師匠をもつたものも、めつたに無からうと思ひます。そして師匠の変るたびに稽古のしかたが違ふばかりでなく、能に対する考へ方が違ふ、主張や型もすべてが同じといふわけにゆきません。（中略）その何れにも拠つて、しかも又そのいづれにも拠らないといふところから、私の芸は纏め上げられて来たものと思ひます。（中略）正しい典拠は典拠、きまつた形式は形式として、そこにまたおのづから独創的なものを生かしてゆく。旧態になづまず、我流のひとりよがりに堕せず、みづから古をなす苦心と共に、濫りに敢て新しきを追はないといふ覚悟と努力によつて、芸風を起し芸格を保つといふことが、必要であるとさとりました。

何人もの弟子家の名手から受けた稽古は、幼い千代造の貴重な財産になったのだが、一方では、複雑な、思い屈する経験でもあった。しかし、賢明な千代造はこれを弁証法的に止揚させたようである。

また、古い形容を用いれば、栴檀《せんだん》は双葉より芳《かんば》しであって、千代造は早くから神童と謳われ、器用でもあり、天才肌の役者であったらしい。得てして、神童とか器用とかいわれると、それはあだ花を咲かせただけの話で、名誉にはつながらない。ところが六平太は違った。器用な資質をまっすぐに生かしながら「ただの人」に陥ることなく、その才を磨きに磨いたのである。明治15年（1882）、華族能の藤堂高潔〈鞍馬天狗〉の子方《こかた》で初舞台を踏み、同17年、10歳のとき家元継承披露で初シテ〈鷺〉を舞う。そして11歳で〈石橋《しゃっきょう》〉、15歳で〈翁〉、17歳で〈猩々乱《しょうじょうみだれ》〉、18歳で〈道成寺〉と、家元にふさわしく順調に習物《ならいもの》をつとめ、これが大過なくどころでない、いずれも見事な舞いぶりで、好評を博した。

そして20歳を迎えた明治27年2月、芝能楽堂での十四世六平太襲名披露能に、〈三輪〉を、喜多流では特に重い習いとされている「神遊《かみあそび》」の小書で舞った。

■

若き日の六平太がどう評価されていたかを、『坂元雪鳥《せっちょう》能評全集』で見てみよう。といっ

〈清経〉シテ 平清経の霊

ても、シテ喜多六平太の名が初めて出てくるのは、明治41年5月14日の喜多別会能である。「六平太の『道成寺』は当日の喚物にて運歩の麗はしき同人の事とて十八段の乱拍子の鮮かさ急之舞より鐘入まで息を次がせぬ技なりき」。

明治42年9月28日の〈烏頭《うとう》〉は、「言つても致方が無いがシテに声を出さしたい。これ丈けの腕前を持ち乍ら声の為めに我々素人見物は始終ハラ〳〵して居る。切の『親は空にて血の涙』の前後は何だか我々には分らないが、黙つて舞台を彼方此方とする丈けの話だのに無暗に物凄く所謂鬼哭啾々の趣があつて慄々した」。

また翌43年5月の〈頼政〉について「元来この種の能は同人の得意なるが、就中前シテにては、例の『おぼろ〳〵として』の処に見物を唸らせ、後シテにては床几の段の働き得も言はれず、『大和路さして』の辺、『白波のざつ〳〵と』以下の辺、実に目覚ましかりき」。同年10月金剛右京襲名披露能での〈是界《ぜがい》〉「白頭《しろがしら》」は「後シテの『是を不動と名付けたり』で、大小前に立ち両袖を重ね、柴の付いた杖を胸に当てた形は実に大きかつた。働きの鮮かさは言ふ迄もない」。

これらを読むと、六平太は当時30歳代半ばなのに、すでに評価の安定した大家のような扱いを受けていたことがわかる。ただ一点、声の問題があった。「声を出さしたい」というくらいだから、当時は声が立たなかったのだろうか。後年、名人の名を不動のものにしても、声に関しては難声であるといわれた。しかし、いわゆる美声ではなくとも、声量に不足はなかった。それどころか、明晰で力強く、気品も説得力もある謡である。むしろ、六平太の能で一番感心したのは謡の立派なこと、その気魄だという人もいる。

もちろん、型の秀逸はいうまでもない。5尺（約151cm）足らずの小兵ながら、きわめて技が切れる、もちろん器用な芸でもあったが、小さくまとまった芸ではなく、鮮烈で優艶との定評があった。絢爛たる変幻自在の演技とも、曲の内容把握を示す理知的な芸風ともいわれた。そして大正・昭和を通して名人の評価を不動のものにし、多くの優れた役者を育て、喜多流の隆盛を築いたのであった。

昭和46年（1971）4月の「喜多」追悼号で、能楽評論家の丸岡大二は、六平太の舞台を次のように回想する。

「物々しやと夕日影に、打物閃かいて」で、右手の扇がピカリと氷の刃の光を発したようにみえた。それは、技術的には何というのだろうか、持っている扇をヒョイと僅かに返したにすぎないのに、それがこちらの肝を冷やすほど強烈な印象になったのだ。まだまだある。「頼政」で床几にかけて「ざっざっと」波を示す型や、「実盛」

で首をかき切って捨てる型、「鷺」で、五位を授けられて放たれた鷺が、バタバタと翼を翻して飛び去る様などは、どうしてああいうことができるのか、帰途、いくら考えても不思議でならないようなものであった。

魔術師などともいわれた六平太の写実芸の特徴を、よく捉えている。

今われわれがわずかに見ることができるのは、モノクロの映像で、〈清経〉〈頼政〉〈景清《かげきよ》〉〈船弁慶〉などの曲の一部である。それでも、一瞬一瞬に刻み込む型の大胆さ、かくあるべしと組み立てられた彫像のように、いかにも必然的で的確な軌跡を描く所作に圧倒させられる。

著書に『六平太芸談』がある。これが無類におもしろい。数多い能役者の芸談中の白眉である。土岐善麿《ときぜんまろ》は「およそ芸談として発表され刊行されるものの中には、ヘンテツもない自慢話に過ぎないものもすくなくないが、この六平太芸談のごときは、世阿弥の十六部集などと比べて、またかわった趣致と意義をもつものと信じる」と喝破した。

たとえば「班女《はんじょ》の序ノ舞」という項。「班女」の舞事は、中ノ舞と序ノ舞の両様あり、ふつう他の四流は中ノ舞だが、喜多流だけは絶対に序ノ舞で通している。その理由を六平太は、「狂女物としては特に濃艶な情趣のあるもの」、「せめてもの形見の扇を手に触れながら、思はれぬ身の程を思ひ続けるといふのですから、相当悩ましく、コッテリとしたもの」ゆえに、「中ノ舞でやつては、そこまで持つて来た濃艶な情趣がそこですつと抜けて行ってしまひます」という。古来のキマリと能本への読みの深さが合致している。

また「児玉次郎三郎」という、能静の弟子で阿波藩の役者について触れた項の中に「芸の修業には、器用とか不器用とかは、問題ぢやない。器用でよい人もあれば、不器用で立派なものもある。器用で不可ないのもあるし、不器用で不可ないのもある」という一節が見え、よくある「不器用」が誠実で大成する証しであるかのような抒情的で感傷的な論理とは無縁の、厳正なリアリストの面目躍如たるものがある。

昭和33年（1958）10月26日、喜多流秋季別会に〈鉄輪《かなわ》〉の後シテ（前シテは後藤得三）をつとめたのが最後の能で、同38年12月7日の仕舞〈天鼓《てんこ》〉が最後の舞台だった。それから8年後、昭和46年1月11日、数え98歳で他界。何と88年間も家元の任にあった。亡くなる三年前まで、弟子（それも後藤得三、友枝喜久夫ら歴とした長老クラスの能役者）の稽古は続け、申し合わせも当日も舞台を注視し、終わると厳しく懇切な注意を下したそうである。六平太の舞台をナマでは見ていない筆者も、改築前の喜多能楽堂の脇正面桟敷席で葉巻をくわえながら舞台に対しているお姿は、何度となく目にしている。

《宝生流》近藤乾三

【こんどう・けんぞう】
明治23年（１８９０）11月3日・生
昭和63年（１９８８）10月1日・歿
文化功労者・日本芸術院会員・人間国宝

近藤乾三は明治32年（１８９９）の夏、満9歳の時、名人・十六世宝生《ほうしょう》九郎知栄《くろうともはる》に入門した。

乾三の父、近藤敦吉はもと幕臣、維新後は士族の商法で骨董屋を営み、そのかたわら宝生のツレ家矢田八太郎に師事し謡と舞の稽古に励んでいた。自身、弟子も取って自宅で素人能を催してもいた。乾三はこの父から謡の手ほどきを受けていたし、自宅の能で矢田八太郎の〈三井寺〉に子方《こかた》をつとめてもいる。

明治31年、猿楽町（渋谷区）に松本舞台が開設され宝生会が成立した。そのころ、父敦吉は骨董屋を廃業して謡専門となり、宝生会に出勤するとともに、深川の宝生九郎家へも通い、秘書兼番頭のような役をつとめるようになっていた。能の後見としても一廉《ひとかど》の人だったらしい。というのは、乾三の後輩でわれわれも知る田中幾之助《いくのすけ》は能の名手だったが、とりわけ名後見として知られた。その幾之助は後見の心得をもっぱら近藤敦吉に仕込まれたという。もともと乾三が宝生九郎に入門したきっかけは、九郎が敦吉に対して「お前を稽古したってもうどうにもなるまいから子供があるなら仕込んでやろう」といったので、九郎に惚れ込んでいた敦吉は大喜びで「こんな機会はまたとない」と、乗り気でもない乾三少年を九郎の内弟子に入れてしまったのだった（近藤乾三著『こしかた』）。

当時、九郎に稽古を受けていたのは松本長《ながし》と野口兼資《かねすけ》（政吉）だけで、乾三は野口の11歳年下だった。以来、近藤乾三は、松本長・野口兼資につぐ高弟ということになった。しかも松本長は昭和10年（1935）に58歳で、野口兼資は同28年に73歳で亡くなったのに対し、近藤乾三が亡くなったのは同63年、98歳だったから、明治時代の修業をした古武士の実力と風格を、戦後40年以上過ぎたのちも見せつけてくれたのである。

■

昭和30年代の前半、私が能を見始めたころ、野口兼資はいうに及ばず、すでに櫻間《さくらま》弓川《きゅうせん》は亡く、観世華雪《かせつ》は病臥中、喜多六平太能心、二世梅若実、橋岡久太郎《きゅうたろう》は在世していたが、六平太は久しく能を舞わず、梅若実と橋岡久太郎の最後の能〈前者は33年11月〈烏帽子折《えぼしおり》〉、後者は35年5月〈羽衣〉〉を私は見ていない。

だから、その世代の人々に伍する名人で私が見ているのは近藤乾三ただ一人である。そして、長寿を保たれたお蔭で、その後は親しく謦咳《けいがい》に接する機会も得た。

昭和40年前後、東京の能楽界を代表する名人と目されたのは、近藤乾三と櫻間道雄と後藤得三の三人にとどめをさした。しかし、近藤は他の二人より7歳年長で、芸歴は10年近く先んじていたから、少なからず別格である。

私などが見ることのできなかった昔の名人たちの謡をレコードで聴くと、美声、難声を問わず、おしなべて調子に張りがあり、謡いぶりがのびやかである。強くて、艶っぽい。能の命は何にもまして謡にあると信じて疑わず、その謡の語り物音楽としての魅力を伝えることに傾注した強みがある。宝生九郎知栄をはじめとし、たとえば初世梅若万三郎、梅若実、松本長、野口兼資、櫻間弓川、粟谷《あわや》益二郎〔註1〕……という人々のことである。

近藤乾三の芸もまさにその時代の系譜を引くものといえる。声を出すのでなくて息に音を乗せていくのが宝生流の謡だとは、先人に聞かされて思い知ったが、今思えば近藤乾三

〈景清〉シテ 景清

の謡が、その通りなのであった。底力のある、俗にいう美声とは違う、しかし美しくのびやかな声で、繊細な神経が透徹した、高度に芸術的な謡である。それを如実に伝えるＬＰレコード〈関寺小町〉が昭和48年に、独吟《どくぎん》・一調《いっちょう》・蘭曲《らんぎょく》［註2］を含む三枚組の「近藤乾三集」が昭和52年（１９７７）に出ている。

　能の演目の中では、とりわけ四番目物が得意とは数々の芸談などでも自認するところで、事実、〈藤戸〉〈摂待《せったい》〉〈景清《かげきよ》〉〈俊寛〉〈卒都婆《そとば》小町〉〈綾鼓《あやのつづみ》〉など、ドラマチックな名演が思い浮かぶ。

　たとえば昭和38年3月、東京能楽鑑賞会での〈藤戸〉は、松本謙三・一噌《いっそう》正之助・幸祥《こうよし》光《みつ》・吉見嘉樹、地頭《じがしら》に高橋進という最強の共演者のことも含めて、乾三自身が繰り返し回顧する歴史的名演だった。ワキの佐々木盛綱に「我が子返させ給へや」と迫る有名な型どころの劇性と、野村万蔵の送リ込ミに介添えされ橋掛リを行くところの余韻。後シテ「氷の如くなる刀を抜いて、胸のあたりを、刺し通し刺し通さるれば」では、暗い夜の海の恐怖を静かに表現した。

　昭和41年10月、宝生別会での乾三の〈姨捨《おばすて》〉は、私が老女物を見た最初であった。当然、よく味わい得たとはいえないのだが、ふしぎに退屈することなく静謐な世界に入り込んで行った。〈姨捨〉といえば、題材の棄老伝説を捨象《しゃしょう》したかのような、月の光と一体化した清らかな世界が強調される。おそらく乾三の〈姨捨〉もそのようであったろうが、私は、「夕陰の木のもとに、かき消すやうに失せにけり」という中入と、「ひとり捨てられて老女が、昔こそあらめ今もまた、姨捨山とぞなりにける」という終曲に、人間的な悲しみをも感じたことを覚えている。

老女物のうち〈関寺小町〉は別として、〈姨捨〉と〈檜垣《ひがき》〉を比べると前者は抽象的な美の世界でいかにも三番目物、後者は人間的な苦悩を描いて、どちらかといえば四番目物的、という捉え方が一般的である。そうに違いないのだが、私はなぜかそれを正反対に感じてきた。もしかするとこの二曲を初めて見たのが、〈姨捨〉は近藤乾三であり、〈檜垣〉は五十五世梅若六郎（昭和43年）であったことが、その印象に作用しているかもしれない。

二度ほど見た〈景清〉にも魅了された。「御身は花の姿にて」と人丸を見る。「父を恨みと思ふなよ」と左手を人丸の右肩にかけ、じっと人丸の顔を見込む。「あはれげに……」の地謡のあいだ、ずっとそのまま対座し、「訪《と》はれじと思ふ悲しさよ」とモロジオリする。父と娘の愛が滋味深く表現されるが、それが卑小な人情劇でなく、スケールの大きい運命劇のように感じられたのは芸格の大きさゆえだと思う。

昭和44年9月、宝生別会で見た〈摂待〉も強い印象を残している。浅黄の花帽子をつけた上品な、色気さえ感じさせる美しい老尼だが、内に強く激しい情念を秘めていて、「武士もものの哀れは知るものを、などされば余りに」と床を叩き、「御心強くましますぞ」と立ってワキの間近に坐してシオる、決然と難詰する強い所作が哀れを催す。終曲で、「鶴若を抱き入れ」と子方の肩に左手をかけ、「行くは慰む方もあり」で、じっくり橋掛リを見送り、また静かに正面に向き直った。武士道の能というよりも、老女による自ずからなる反戦劇の様相を呈した。

昭和46年4月に脳血栓を患い、以後、能は舞わなかった。が、早くも翌年素人会で独吟《どくぎん》〈駒之段〉を謡ったのを皮切りに年に一、二度独吟で出演するようになり、同59年9月には〈檜垣《ひがき》〉を素謡で披《ひら》いた（宝生流ではなぜか〈檜垣〉を能としては演じないキマリになっている）のを機に、以後、独吟や一調《いっちょう》で出演することが珍しくなくなった。それは、声量こそ衰えたものの名調子であった。

■

近藤乾三は、つねに師の十六世宝生九郎知栄を追慕してやまなかった。

『坂元雪鳥能評全集』を見ると、大正5年（1916）の宝生会の評に「初番は乾三師の

『雲林院』。時々顔が歪んで見えるのが気になつたが、一体に気持の宜い出来。此人の謡が長氏の剛さと政吉氏の裕かさの間を行つて、九郎翁の滑かさを学ばんとしてる趣が大いに快感を与へる」と出てくる。26歳の近藤乾三評だが、その特長は基本的に晩年まで変わらなかったのではないだろうか（もちろん顔が歪むことなどはなかった）。

たまたま短いエッセイ連載の聞書をする仕事で、親しく話を伺う機会があった。重厚で厳正な舞台とは違って、気さくな、気取らない人であった。能楽師として人に恥じないプロであることを「商売人」と称していたし、「私らは職人であり、芸人なんだ」ともいっていた。

文化功労者顕彰記念対談の放送録音で、巣鴨の近藤邸に最後に伺った時は、枕もとに『演劇界』の最新号が置かれてあった。江戸っ子で大の相撲好き、芝居好きで知られた近藤乾三からは芝居の話もずいぶん聞いたが、現代の歌舞伎にも関心を失ってはいなかったのだ。

また、忘れられないのは昭和59年10月、高橋進の葬儀の光景である。遺影の前に直立した乾三は、まず「進くん」と呼びかけ、高橋進が近藤乾三に入門したころのこと、しかし将来を見込んで深川の九郎師に紹介したこと、はたして高橋進はめきめきと頭角を現したこと、熱意を持って若手の指導に当たったこと等々を慈愛深く讃えた。その間、ペーパー無しに、余分な間投詞を一語もまじえず、理路整然とのべて、「それでは、進くん。永遠にさようなら　！」と結んだのだった。何と心の籠もった弔辞だろう、何と頭脳明晰な人だろうと、感銘深く聞いたものだった。芸の力はもとよりだが、その聡明さゆえに、最後まで現役で通し、後進（といっても70歳前後の長老から若手まで）に慕われ、指導と助言を求められていたのだから、幸せな人生を送った人だといってよい。

■　■　■

〔註1〕粟谷益二郎　明治23年（1890）―昭和32年（1957）。喜多流シテ方。祖父・新三郎の手ほどきをうけ、美しい舞姿・美声の地頭として知られた。長男に新太郎、次男に菊生、三男に辰三、四男に幸雄がいる。

〔註2〕闌曲　独吟専用の謡物。番外曲の一部、または最初から謡物として作られた曲の総称。

《金春流》

櫻間弓川

【さくらま・きゅうせん】
明治22年（1889）5月18日・生
昭和32年（1957）3月1日・歿
日本芸術院会員

北陸の金沢、四国の松山、九州の熊本などから、明治維新以後に上京した能役者は少なくない。その子孫たちが、東京の能界で名人名手として活躍し今に及んでいる。それは旧幕時代、各藩お抱え役者たちの技芸の水準がいかに高かったかを物語るものだ。十六世宝《ほう》生《しょう》九郎知栄《くろうともはる》、初世梅若実とならび明治三名人と称され、特に技の切れたことで定評のあった櫻間伴馬《さくらまばんま》（左陣《さじん》）は、その顕著な証しである。櫻間家は、江戸時代には細川藩から二五〇石の禄を受けていたが、伴馬は明治12年（1879）、細川護久の勧めで永住を目的に上京した。たちまち明治の能楽復興期に枢要な位置を占め、七十七世家元金春《こんぱる》栄治郎を含む多くの後進を育てもした。いわば近現代の金春流の礎を築いた人である。

■

その伴馬の後嗣が櫻間弓川である。初名は金次、のち金太郎と改め、第二次大戦後の昭和25年（1950）弓川と号するまで長い間、金太郎の名で知られ、大正6年（1917）伴馬亡きあとは、昭和30年代まで、時代を代表する名人であった。

長身でスタイルがよく、美声で力強い謡と、下掛《しもかか》りらしいのびやかで大きい芸で人を魅了し、加えて素朴で飾らぬ誠実な人柄も愛され、特別に昵懇であった野上豊一郎に象徴されるように、知識人にファンが多かった。

芥川龍之介に「金春会の『隅田川』」という有名なエッセイがある。「僕は或早春の夜、富士見町の細川侯の舞台へ金春会の能を見に出かけた。と云ふよりも寧ろ櫻間金太郎氏の『隅田川』を見に出かけたのである」と始まるこの文章は、大正12年2月15日の金春会の観能記でもある。

僕は二ノ松へかかつた金太郎氏の姿を綺麗な気狂ひだなと感心した。黒い塗り笠がちらりと光つて、面に仄かな影がさして、薄青い着つけが細つそりして、——まあ当麻寺の画巻か何かの女房に会つたやうな心もちである。狂女は「げにや人の親の

〈卒都婆小町〉シテ 小野小町

心は」と徐ろに歎きを伝へ出した。その声も、――声はちよいと説明出来ない。が、強ひて説明すれば、華やかに寂び澄ました声である。僕の隣にゐた英吉利人も細君と顔を見合せながら、ワンダァフル・ヴォイスとか何とか云つた。声だけは異人にもわかるのに違ひない。のみならずしをりの細かいことも小面の憎い位である。僕はもう一度シャツの下にかすかな戦慄の伝はるのを感じた。（中略）狂女の舞ぶりも綺麗だった。殊に白足袋を穿いた足は如何にも微妙に動いてゐた。あの足だけは今思ひ出しても、確かに気味の悪い代物である。僕は実際あの足へさはつて見たい欲望を感じた。少くとも白足袋を脱がせた上、つらつら眺めたい欲望を感じた。どうもあの足は平凡なる肉体の一部と云ふ気はしない。必ず足の裏の間に細い眼か何かついてゐさうである。（中略）狂女は片膝をつきながら、立ちはだかつた渡し守の前に、消え入りさうに合掌した。僕は先代の秀調以来、名高い女形も少しは見てゐる。が、まだこの時の金太郎氏ほど、美しいと思つた記憶はない。

右に引いた以外の部分では芥川一流のシニカルな表現があったり、ご愛嬌ともいうべき誤り（観世流の詞章に拠っている）があったりするのだが、シテの舞姿に「綺麗」「美しい」を反復しているところなど、いかにも素直に、純粋に、金太郎の芸力に惹きつけられた様子がうかがわれる。また、声を「華やかに寂び澄ました」と形容し、足の運びの妙に着目しているところも、よく金太郎の芸風に迫っている。

■

坂元雪鳥は、「宝生の二星と櫻間金太郎」という文章で、金太郎の人と芸を、次のように論じている（「宝生の二星」は、松本長《ながし》と野口兼資《かねすけ》のことである）。

利巧ではあるが極めて淳朴な何物をも請け入れる事の出来る熱烈な芸術欲を持つた彼は、恐らく今後といへども所謂芸人臭い態度には倣はないだらうと思ふ。容貌愚なるが如くして而かも鋭敏な芸術的神経を有する金ちやんは、其尖つた神経の鋒鋩を少しも表面に出さないで、あの鷹揚な型を熱心に演じて居る。
金太郎氏の謡を聞くと先づ其ヲオーッといふ岩窟に風が唸る様な声に驚かされる。観世流の二三流どこの器用がつた謡を聞いた後、直ぐ金太郎氏のを聞けば、飴売のチヤルメラを聞いてから峰入りの法螺の音を谷深く聴く感がある。彼は謡でも感歎す可き天稟を有して居る。

これは昭和9年（1934）の文章だが、45歳にしてすでに不動の位置を占めていることがわかる。しかし、若き日の金太郎は必ずしも順調に御曹司の道を歩んだわけではなかった。父の伴馬は、枢要な位置を占めて活躍したとはいっても、能楽が再興して間もないころの、しかも小流金春のことだから、共演の役者に人材が揃っていたわけではない。金太郎は5歳のとき伴馬の〈三井寺〉の子方《こかた》で初舞台を踏み、12歳で初シテ〈橋弁慶〉をつとめている。当時、芝の紅葉館の能楽堂で、年に3、4回、下掛演能会という定例の催しがあった。これは、喜多六平太、金剛流の寺田左門治、金春八郎、それに櫻間伴馬の四人が主催する、下掛リ唯一の例会だった。したがって、若い金太郎は舞台数には恵まれなかった。そんな時勢にあって、父の伴馬の心境は複雑だった。金太郎を、12、13歳で〈石橋《しゃっきょう》〉の赤獅子を舞うほどに稽古をつけていたが、一方では能の将来、とりわけ金春流の前途には悲観的にならざるを得なかった。芸の跡継ぎにさせるより商人にさせようとも思ったらしい。横山町の住居では糸問屋と煙草屋を兼業してもいた。金太郎は前掛けを着てソロバンの稽古をさせられたが、商人になる気はまったくない。能が好きで好きで、父の稽古を受けることにのみ喜びを覚える少年であった。

そんな金太郎に能に専心できる日が訪れた。19歳の年の秋、宝生九郎と伴馬とのあいだに話がまとまって、金太郎は隔月に宝生会で能を舞わせてもらうことになった。それは明治40年（1907）12月に始まって、大正6年（1917）3月に宝生九郎知栄、6月に櫻間伴馬が亡くなるまで、十余年続いた。宝生流にも高弟、逸材の多い中で、異例の処遇であり、宝生九郎の櫻間金太郎に寄せる期待が非常に大きかったことがわかる。この間に舞った五十余番の能は、弓川の芸談『櫻間芸話』によると、次の各曲である。

〈翁〉〈高砂〉〈弓八幡〉〈実盛〉〈八島〉〈忠度〉〈朝長《ともなが》〉〈経政〉〈芭蕉〉〈井筒〉〈野宮〉〈源氏供養〉〈杜若《かきつばた》〉〈誓願寺〉〈竜田〉〈櫻川〉〈昭君〉〈自然居士《じねんこじ》〉〈花月〉〈葵上〉〈善界《ぜがい》〉〈鵜飼《うかい》〉〈殺生石〉〈芦刈〉〈盛久〉〈春日龍神〉〈通《かよい》小町〉〈善知鳥《うとう》〉〈項羽〉〈班女《はんじょ》〉〈弱法師《よろぼし》〉〈歌占〉〈岩船〉〈田村〉〈兼平〉〈頼政〉〈巴〉〈東北〉〈熊野〉〈松風〉〈邯鄲《かんたん》〉〈三輪〉〈鵺《ぬえ》〉〈百万〉〈黒塚〉〈山姥《やまんば》〉〈藤戸〉〈女郎花《おみなめし》〉〈野守〉〈玉《たま》葛《かづら》〉〈熊坂〉〈乱〉

まことに能の大道を行く堂々たる演目が並んでいる。これらは、毎回、九郎と伴馬が相談して選曲し、会までの二か月間は毎日のように伴馬の稽古が続けられたという。一つの曲を二か月かけて毎日稽古する、それが五十曲にわたるというのは並のことではない。そこに傾注された努力の尊さ、その間に鍛えられ蓄えられた技芸の力を思わずにいられない。

伴馬歿後の大正7年（1918）麹町区富士見町に細川家能舞台が落成し、櫻間家も横山町から同地へ転居し、東京大空襲で全焼するまで、ここを拠点に金春会の古き良き日が続けられる。

戦後の弓川は、芸術選奨文部大臣賞、芸術院賞、芸術祭賞に輝き、〈関寺小町〉披演で好評を博したのち、昭和32年（1957）日本芸術院会員に就任した直後に永眠した。享年67歳。その芸は、長男龍馬《たつま》（金太郎）、伴馬以来の高弟、高瀬寿美之、櫻間道雄、本田秀男、野村保と梅村平史朗、守屋与四巳《よしみ》に伝えられた。

《金剛流》

初世 金剛巌

【こんごう・いわお】
明治19年（1886）3月25日・生
昭和26年（1951）3月21日・歿

大和猿楽の四座といえば、結崎《ゆうざき》・外山《とび》・円満井《えんまい》・坂戸の各座であり、これがのちに観世・宝生・金春・金剛の四座となり四流となった。周知のことである。ところで、その新旧の名称を合わせて結崎観世、外山宝生、円満井金春などという呼称は存在しない。わざわざそんなことをいわなくても、観世流は結崎座、宝生流は外山座、金春流は円満井座を母胎とした流れを受けた芸系が宗家として存在しているからである。ところが、坂戸金剛という呼称だけは、しばしば耳にするし活字でもお目にかかる。なぜならば、昭和11年（1936）3月27日、二十三世金剛右京が実子に恵まれず、養子などの後嗣を立てることもせぬまま他界し、その遺言により系図・伝書なども納棺して家を廃絶したので、坂戸座を母胎とした金剛座の流れを受ける金剛流宗家は断絶した。ここを以て、歴史的には、坂戸金剛は二十三世金剛右京で廃絶した、といわれたり記述されたりするからである。

そこで、右京亡きあと、しばらく宗家は空位のままだったが、半年ほど経った同年8月、まず弟子家一同で金剛巖《いわお》を推薦しようとの動きが起こった。しかし、右京遺弟の奥野達也、楠川正範らが判を押さなかったので頓挫、結局は、その年の10月、観世左近をはじめ他の四流宗家の推挙で、金剛巖が、坂戸金剛宗家ではなく、改めて初世金剛流宗家に決まったのである。

坂戸金剛でないなら、金剛巖はいかなる金剛なのかというと、野村金剛とも京金剛ともいわれた旧家である。初代は、寛永年間から禁裏御用をつとめていた野村利兵衛信吉で、巖の祖父禎之助は幕末に分家格として金剛姓を許された。そして、禎之助の長男すなわち巖の父、金剛謹之輔《きんのすけ》は明治期に東に宝生九郎、西に金剛謹之輔ありといわれたほどの名手で、京都にあっては観世流の片山家六世の晋三と二分して活躍した。しかも興味深いことに、謹之輔は20代に上京して二十一世金剛唯一《ただいち》に師事しているが、金剛右京は20代に京都の金剛家に身を寄せ、10年間も謹之輔から芸事の指導を受けているのである。

〈隅田川〉シテ 梅若丸の母

金剛右京は少年時代に祖父・唯一と父・泰一郎を続けて失い、16歳で宗家を継承したが、舞台焼失が度重なり、東京を去って京都に隠棲したり、帰京後も赤坂、日野、沼津と人を頼って転居するなど辛酸をなめた。後継者についても、本人に成案があった。宝生九郎重英《ふさ》に次男が生まれたら養子にと望んでいた。後援者・安田善衛の次男芳樹を迎える話もあった。何よりも肝腎の金剛巌に跡を継いでほしい旨を洩らしてもいた。しかし宝生家には長男宝生英雄《ふさお》以後に男子は生まれなかったし、安田家とも京都の金剛家とも、話がこじれて生前は不調に終わった。その話が実を結んで養子縁組みが実現していれば、他流とて同じこと、長い歴史の中で実子から実子だけで後が続いてきたわけではない。しかも金剛謹之輔は歴とした名家であり、右京とは持ちつ持たれつの関係にあった。なにも坂戸金剛は廃絶などと力む必要はなかったはずなのである。なお近年は宗家を坂戸金剛の後継と位置づけ、初世巌を二十四世、二世巌を二十五世、現在の永謹《ひさのり》を二十六世と称している。

■

初世金剛巌は、謹之輔の次男として、資質に恵まれつつ厳しく鍛えられ、声量もあり謡は明快で、「舞金剛」の名に恥じぬ華麗で鮮やかな技ゆえに、家元にふさわしい芸格の高さもそなわっていた。時に51歳の働き盛りである。

昭和12年4月と5月に継承披露能を催し、〈鸚鵡小町《おうむ》〉を舞っている。金剛流では三老女の一つであり、当時は秘曲扱いされていた。坂元雪鳥は詳しく一曲を追跡記録した後に「全曲を通じて十分に位を保ちながら、縛られてるやうな感を少しも与へなかつたのは嬉しかつた」と結んだ。老女物は、その後、同14年〈姨捨《おばすて》〉、同21年〈檜垣《ひがき》〉を舞っている。

昭和17年4月には、主催する九曜会で〈大原御幸《おはらごこう》〉を、何と観世流の梅若万三郎を法皇に迎えて演じている。大納言局は三男の金剛滋夫《しげお》（後の二世巖）、阿波内侍《あわのないし》は次男の金剛勲（早世）、ワキ宝生新《ほうしょうしん》という配役である。明治の混乱期ならばいざ知らず、昭和の能楽界で異流共演を易々と実行してしまったのも、京都人の自由さであった。

だいたい金剛巖は特に「幽玄」を旨とし、鬘物《かづらもの》が得意であった。高弟の豊嶋弥左衛門《てしまやざえもん》は「とにかく姿はよし、声はよし、というかたであった。まさに鬘物に似合ったかたであった。それで鬘物を一手に引受けておられた」（『弥左衛門芸談』）といい、「弟子たちは、鬘物以外の能を多く舞うことになっていた」（同）とまでいう。

『沼艸雨能評集』を見ても、〈熊野《ゆや》〉〈大原御幸〉〈松風〉〈落葉〉〈双紙洗《そうしあらい》＝草紙洗〉などを取り上げ、「優雅」「端麗」「艶」「品位、右に出る者なし」「寂しい中のゆとり、語りの雅やかさ」「楚々たる風姿。優艶」「高雅な物寂びた」などの文字が舞う。

例会でも一人で二番ずつ舞ったり、独演能もたびたび催したりで、記録はないが演能数の多い人で、自分でも総数は初世梅若万三郎（演能約三千番を謳われた）にあまり負けていないだろうといっていたそうだ。一番多いのは〈羽衣〉や〈葵上〉だったが、また、道成寺役者の異名を取ったほど、もっとも得意としたのは〈道成寺〉で、26歳で披《ひら》いて以来、何と生涯に60回近く舞ったという。

金剛巌がいかに意欲的であったかは、古典の伝統継承と、時代を見据えての新機軸と、その二元の道を率先して歩んだことで分かる。それは昭和22年から23年にかけて、行われた。前者はまず〈朝長懺法《ともながせんぼう》〉〈邯鄲《かんたん》藁屋十二段〉〈絃上《けんじょう》越天楽楽入〉〈半蔀《はしとみ》立花供養〉〈定家一式之習〉〈海《あ》人《ま》八講〉〈松風一式之習〉〈江口平調返〉を次々と手がけたことである。この種のとりわけ重い小《こ》書《がき》、流儀独特の小書《こがき》を、途切れさせずに後世に伝えるのは家元の使命である。後者は能舞台ならぬ劇場ステージで照明を用いての新様式能である。同22年3月1日、大阪朝日会館での〈松風見留《みとめ》〉は、照明に新劇やバレエですぐれた実績を積んでいた穴沢喜美男の協力を仰いだ。黒いカーテンをバックに、囃子方《はやしかた》と地謡は舞囃子形式に板付き。雑誌「能」4月号の記事によると、初めワキの出に、黄色味を帯びたライトが夕陽を表し、シテ・ツレが登場すると月光に変わり、汐汲みの場面ではそれが白皓々と輝き、シテが行平の思い出に耽るところでは淡紫色の甘い光線が加えられ、物着ではライトがほとんど消され、キリには暁の明るい光に変えられた、という。当然、賛否両論が寄せられたが、この程度なら大衆化のためには有意義であろうと、おおむね好意的に迎えられたらしい。日本的、伝統的なものが見直されるべき第二次世界大戦直後の能楽界に新風を吹き込んだ意義もあった。

ただし、その後、現在に至るまで、類似のステージ能、照明能がないわけではないが、ある種の趣向であり試演であるという以上の評価は得ていない。やはり能は、能楽堂でのオーソドックスな上演と鑑賞に如くはなし、というわけだ。

しかし、私は金剛巌の新様式能や照明能には今なお再検証し学ぶべき側面があると思う。それは、能楽堂のない自治体での演能が、地域の劇場やホールで行われる時など、ステージ上に組み立てた仮設能舞台で演じられる能の演出は能舞台で行うのと別に変わらないのが普通だが、それは安易ではないのか。また、能楽堂での通常の演能なのに、見所（観客席）の明かりを必要以上に暗くする、新劇なみの処置がまかり通っているのはなぜなのか。そういう現状を省みるためのよすがになると思うからである。

■

金剛巌はまた、博識であり多芸多才であった。書も絵も巧く、絵は今尾景年《けいねん》、竹内栖鳳《せいほう》についた。栖鳳には謡を教え、交換に絵を習った。栖鳳に「あなたの謡はなっていないが、私の絵は絵になっている」といったそうだ。俗にいう口八丁手八丁で、巧みな話術も有名で、能の普及、啓蒙のためには、どこへでも気軽に講演に行った。学生能でも、旧制の高校以上を一千校回るつもりで能の普及に努めた。同じ日に同じ能をしても、男子校と女子校では講演の話題も能の型も変えたりした。

ことに能面に対する見識の深さは有名である。能役者、ことにシテ方は、能面に愛着と知識があって当然だけれども、金剛巌はまた格別だった。青年時代から父謹之輔とともに逸品の面装束の収集に心がけ、その研究にも当たってきた。そして、研究者に対し、秘蔵の面装束や伝書の閲覧を快く許し、実技者の立場から所見と助言をのべたという。著書『能と能面』（昭和15年）は、能面作家の系譜から説き起こし、各種の面について工作上の特徴、用途、演出上の効果などを、演者ならではの経験と実感をまじえて懇切に、余すところなくのべている。たとえば、「雪の小面のよさ」「面の位」「面遣ひ」の章、その具体的で分析的な記述から、能面のみならず能そのものの見方について、私は多くのことを教わった。口述筆記に人を得たからでもあろうが、金剛巌という人の見識とセンスが光った名著である。しかも、これ以前に、昭和5年に編著『原色能楽古面大鑑』、同7年に著書『能面作家小史』を出している。3冊とも、入江美法『能面検討』、野間清六『日本仮面史』(昭和18年)、野上豊一郎『能面論考』(昭和19年)などが刊行される前だから、能面研究に関してまことに先駆的な功績といえる。

いつのころからか、能の各流儀の芸風、特に謡の特徴をいい当てた歌がある。それは「そもそもお江戸の地謡は　観世かる(軽)すぎ、喜多き(気)張りすぎ、金春こんにゃく(蒟蒻)骨がない、宝生ほど(程)よく襤褸《ぼろ》出さない、だけどさっぱりおもろない」というのである。「か・き・こ・ほ」と韻を踏みながら、各流の美点をあえて悪口に置き換えた戯《ざ》れ歌である。藤波紫雪『うたい六十年』によると「近藤乾三氏が祇園あたりで仕入れて来たものと思えます。これは多分、先代金剛巌さんの作だろうということです。『そもそもお江戸の云々』で金剛流のことも出て来ないし、『さっぱりおもろない』などという言葉遣いからして、そのように想像されます。」——ことほどさように洒脱な人だったのである。

ふたたび豊嶋弥左衛門の言葉に聞こう。「先生はよくしゃべるかたであった。一晩中でもしゃべっていて平気なかたであった。(中略)多くの人に知られ、人気のあるかたであった。(中略)とにかく先生は、おもしろいかたであり、華やかな存在であった」と。

下掛リ三流《金春流》《金剛流》《喜多流》

金春流 櫻間道雄・金剛流 豊嶋弥左衛門・喜多流 後藤得三

櫻間《さくらま》道雄、豊嶋弥左衛門《てしまやざえもん》、後藤得三の三人には、共通した傾向と要素がある。まず同世代であること。道雄と得三は明治30年生まれの同い年、弥左衛門はその2歳下。戦前から培った実力が戦後に開花し認められ、昭和30年代から50年代にかけて、それぞれ金春流、金剛流、喜多流の代表選手となった。いわば下掛リ三流の名将これにありという実力者であった。たとえば、観世流に七世観世銕之丞《てつのじょう》（雅雪《がせつ》）・観世寿夫《ひさお》、五十五世梅若六郎、二世観世喜之、二世梅若万三郎、宝生流に近藤乾三・田中幾之助・高橋進を筆頭とする古強者たちがいるのに対し、下掛リ三流にも、そういう人たちに優るとも劣らぬ役者がいることを証した。そして、櫻間道雄は櫻間伴馬《ばんま》と櫻間弓川《きゅうせん》、豊嶋弥左衛門は金剛右京と初世金剛巌《いわお》、後藤得三は十四世喜多六平太という、いずれも華麗で多才な師匠の薫陶と感化によって成った人々であり、しかも三人そろって師匠連にくらべて地味な芸風ながら、鮮烈な技によって下掛リ三流の魅力と底力を見せつけてくれた人々である。

《金春流》

櫻間道雄

【さくらま・みちお】
明治30年（1897）9月14日・生
昭和58年（1983）5月27日・歿
人間国宝

櫻間伴馬《ばんま》（左陣《さじん》）の甥であり、櫻間弓川《きゅうせん》の従弟である。櫻間伴馬には金記《きんき》、林太郎という二人の弟がいた。ともに熊本細川藩のお抱え役者だったが、伴馬が明治12年（1879）、金記が43年に上京したのち、熊本の藤崎八幡宮ほか各神社の奉納能は末弟の林太郎が勤めていた。道雄はその林太郎の次男として、明治30年に生まれた。初舞台も初シテも熊本で済ませたが、大正2年（1913）に上京して、麹町富士見町の金記宅に身を寄せ、金記に稽古をつけてもらうかたわら、浅草横山町の伴馬宅へ稽古に通った。

いかにも古い時代の修業を積んだらしい筋金入りの明治生まれ。肉体派の面と、旧弊な考え方に泥まず弁舌に文筆に独自の思想を展開し、それを実行に移してしまう理論派の面との両面のあった人である。そして、その両者が共存し調和してすぐれた成果を生む場合もあれば、それはそれ、これはこれと分裂していようと矛盾していようと意に介さない大らかさもあった。

なんといっても魅力的なのは、基本的な身体技法の見事さ、揺るぎない構えと運びの確かさ、そこから生まれる所作の、大理石の彫像のような安定感、あるいは流れるような美しさであった。いいかえれば、稽古を重ねて鍛えぬいた果ての、強靱な足腰が基礎にあっての技術である。しかも的確な技法、金春流らしい大きく花やかな様式に支えられているから、三番目物なら静かなしみじみとした情感が漂うし、四番目物ではかなり写実的で大胆な型をしてもあざとさを感じさせない劇性が息づいた。

年を追うごとに、研究と工夫を積み重ねた巧緻な芸風が高い評価に結びついた。

著書に『能・捨心の芸術』（昭和47年）がある。「捨身」ならぬ「捨心」は造語めくが、要するに成心を捨て去る意で用い、「再現写実」を捨象せよとの主張を貫いている。いわく「巧みに演じようとする心。巧みに見せようとする心。そういう意図、意欲が舞台に現れることは、未だしである。こと多きを忌む心が起きなければ、技を忘れ、心を忘れ、捨てる

〈恋重荷〉後シテ 山科荘司の霊

べきものを捨てる心を知らなければ、能への入門は出来ない」。

戦後、金春流では、他流にあって金春にない名曲を盛んに復曲した。もちろん家元金春信高の方針である。そのうち〈木賊《とくさ》〉（昭和44年）〈檜垣《ひがき》〉（同45年）〈伯母捨《おばすて》〉（同48年）という重い曲は、信高の指名で櫻間道雄が演じている。

果たせるかな、三曲ともに、この上なく美しく静かなトーンの、格調高い仕上がりであった。居グセとか序ノ舞を、退屈させないどころか、この時間が永遠に続いてほしいと思わせるほどの牽引力で見る者を魅了した。〈定家《ていか》〉〈江口〉〈采女《うねめ》〉〈西行桜〉〈遊行柳《ゆぎょう》〉なども、同じ意味で名演であった。

〈定家〉では前シテ・後シテとも同じ増の面で通した。後シテの痩女《やせおんな》を嫌ったのである。〈鉄輪《かなわ》〉のようなおどろおどろしい曲でさえ、前後とも異なる泥眼《でいがん》で通し、曲の位を妙に高めた、皮肉な演出で意表を衝いた。

観世流の〈三井寺〉に無俳之伝《おかしなしのでん》という小書がある。前場の夢占いをするアドアイ（清水寺門前の者）が登場せず、シテは夢を見て観音の霊験を感じそのまま中入《なかいり》する。金春流にこの小書はないが、櫻間道雄は小書をつけずに実質的にはこの演出で〈三井寺〉を演じた。できるだけ写実味を排したのである。

とにかくストイックなまでに見せどころを作らないように演じるいき方だから、曲によっては淡泊すぎる印象を与えることもあった。たとえば〈檜垣〉は3回演じているが、ふつう型どころとされる「つるべの掛け縄、繰り返し」で釣瓶の縄をたぐり寄せる写実的な所作をせず、右手を上げて左手を添えるようにするだけの、きわめて様式的な型ですませた。〈道成寺〉にも一家言があった。〈道成寺〉一曲の芸術的感興は「花のほかには松ばかり、暮れそめて鐘やひびくらん」の一節に尽きるというのである。金春流櫻間家の鐘入りには、「斜入《しゃにゅう》」という専売特許のような型がある。鐘を目がけて外側から斜めに飛び込み、同時にくるっと体をねじって、鐘が落ちる時に正面向きに直る、という危険な放れワザである。しかし道雄は34歳の披《ひら》きに際しこの型を踏襲せず、他流の通り、鐘の下に入り正面向き両手で鐘の縁に手をかけ、拍子を踏んで飛び上がる型で演じたそうである。以来、36年を経て昭和42年、古稀記念に二度目の〈道成寺〉を舞った。この時は、飛び込むことすらしないで、鐘の下に入り、鐘の縁に手をかけてぐるっと鐘を回し、飛ばずにじっと坐っているところへ鐘をゆっくり静かにおろし、シテの顔が見えなくなると、どすんと落とす、「廻し入り」という、誰もやったことのない意想外の型で演じ、観る者を驚かせた。鐘入りの放れわざや急ノ舞で見せることを、道雄は次元が低いと考えたのである。

〈道成寺〉はもう一度84歳の時にほぼ同じ型で演じた。都合3回。それに対して〈卒都婆《そとば》小町〉は50歳の初演以来、9回演じている。対蹠的なのは櫻間左陣（伴馬）であった。生涯に〈道成寺〉は16回舞ったのに対し、〈卒都婆小町〉は一度だけ演じて満足したという。道雄はそれを評して〈道成寺〉は巧技をつくすことに終始した「芸術的にみるべき分野が少ない曲」だが、〈卒都婆小町〉は小町の落魄した姿と人の世の空しさを映した曲であると見る。そして、「巧技の駆使に一生をかけた左陣には、巧技の通用しない〈卒都婆小町〉の領域を理解することは無理であった」。ゆえに「芸術家としては、いささか素質に欠けていたと考えざるをえない」とまでいう。若き日に熊本から上京して恩義を受けた師である伯父に対してさえこれだから、恐いものなしである。一般に能楽師は同業者を論評することを、陰口ならばいざ知らず、公には控えるものだが、櫻間道雄はそんな斟酌《しんしゃく》お構いなしである。昭和10年（1935）前後の短期間だが、「国民新聞」に署名入りで堂々と能評を執筆しているし、晩年にいたるまで、文章に座談、対談に、遠慮会釈なしに実名をあげて批判していた。人格に対してではなく舞台成果に対する素朴で率直な発言なので、ふしぎに反感を買わない。

ご本人は、老来、耳が悪くなられたので、謡の音程のはずれることがしばしばあった。

もちろん謡を洋楽と同じ基準で論ずるのは当たらない。道雄の謡は、腹に力の籠もった、基本的にすぐれた謡である。が、たとえば〈舟弁慶〉の「かく尊詠の偽りなくは」というような、ヨワ吟でフシのない、平坦に謡うべきところで微妙に音階が上下に揺れるようなのは、謡としても明らかにおかしかった。しかしそれを指摘されても「私の音程は狂っていない」といい、「だいたい謡は音楽ではない」と開き直る。またあるとき「勧進帳」の「ここに中ごろ」を鼻濁音でなく濁音で謡ったのをある能評家がダメを出したところ、「私はわざと濁音で謡った」といい、こころみに「勧進帳」を全部鼻濁音で謡ってみると「ここになかンごろ、みかンどおはします、おん名をンば」となり「どうにも弱くて腰抜けの弁慶」になる、と主張する。まるでガ行鼻濁音以外にも鼻濁音があるかの如き、反論にもならぬ反論である。そういう稚気愛すべきところも多分にある人だった。

主宰する櫻間道雄の会を、昭和58年9月にできる国立能楽堂でも催すべく日程の予約もしていたことを私は知っているが、惜しくもオープン間近の5月に亡くなられた。

《金剛流》

豊嶋弥左衛門

【てしま・やざえもん】
明治32年（1899）5月1日・生
昭和53年（1978）1月3日・歿
人間国宝

初世金剛巌《いわお》亡きあとの金剛流を代表する実力者であり名手である。先祖は、安芸《あき》の厳島《いつくしま》神社造営に際して、平清盛の命令で奉行として宮島におもむき、以来その地に住みつき、代々神官として奉仕したというから、古い家系である。江戸中期から能楽師となり、高安《たかやす》流ワキ方として広島浅野藩お抱えの家となった。

父は四世豊嶋一松《いちまつ》。弥左衛門は本名、弥平。六人兄弟の長男である。弟五人のうち、豊（次男）と文二（六男）は金剛流シテ方になり、要之助（三男）、十郎（四男）、永蔵（五男）は高安流ワキ方を継いだ。要之助は東京でもワキ方として舞台をつとめていたが、広島に帰郷したとき原爆に遭い亡くなった。豊嶋十郎は、戦後の東京で松本謙三、宝生弥一、野島信についで活躍していたから、私などもよく見ている。

弥左衛門も少年時代（本名、弥平）までは、家業の高安流の稽古を父から受けていた。広島という土地柄、ワキ方としては喜多流の相手が多かったらしいが、父の一松は高安流の謡を百名余りの人に教えていたそうで、謡の師匠として発展家だったのだろう。その百人の素人弟子の中から、高安流では仕舞が舞えないから金剛流を習いたいとの要望があり、京都の金剛家へ交渉し、金剛謹之輔《きんのすけ》・巖父子が出稽古に来るようになった。そして、相当の舞い手も輩出し、金剛流の演能会を催すようになった。そんな時、ワキ方だった弥平少年に謹之輔の眼が留まった。「あの子は見込みがあるから、シテ方になる気があればいつでも上京するように」と父一松に請うた。明治末年のことである。そのことがあってから、一松門下の人々は、弥平の京都行きをさかんに奨励し、募金運動で相当の金額が集まり、これを持って決行されたいと、一松を促した。――当時の広島の人々の謡好き、能好きも相当のものだと思うが、これは、弥平がそれだけの讃嘆と期待に値する才能ある少年だったことを意味するのだろう。

大正2年（1913）、14歳の時、金剛謹之輔の内弟子となった。

金剛謹之輔は、京都にあって分家格として金剛姓を許された家柄。名人といわれ、明治期には観世流の片山家六世の晋三と京都を二分して活躍し、関西能楽界に君臨する重鎮であった。謹之輔の次男がのちの初世金剛巖である。弥左衛門は謹之輔・巖の父子から教えを受ける。また謹之輔歿後、右京にも習うきっかけができた。同15年、〈望月《もちづき》〉を披《ひら》くので稽古している時、巖がいちど家元に見て貰えといい、二十三世宗家金剛右京に紹介された。右京の〈望月〉の稽古は至れり尽くせりで、詳しく噛んで含めるように説明してくれた。大正12年に謹之輔が、昭和11年（1936）に右京が亡くなって坂戸金剛が断絶したのちは、新しく宗家として再起した初世金剛巖に師事し、その巖が同26年に亡くなって以後は、当時27歳だった滋夫《しげお》（二世金剛巖）を輔佐し支え続けたのである。

金剛謹之輔、金剛右京、初世金剛巖の三人に師事したことと、この三人の師匠がいずれも天才肌ながら、それぞれ教え方も芸風も大きく違っていたことが、弥左衛門の芸を作った。

謹之輔は、スケールの大きい、厳格な強い芸で、教え方も凄い意気込みだったという。対する息子の巖は、能はあんなに気張ってやるもんじゃない、もっと美しいものだといい、柔らかく軽く、品よく幽玄第一にという教え方だった。

〈融　十三段之舞〉後シテ 融大臣（源融）の霊

右京は若年にして父泰一郎を失ったので、京都へ修業に来て謹之輔に師事した。早わざが得意で、たとえば〈小鍛冶《こかじ》〉の「白頭《しろがしら》」で、前シテの老人が坐ったまま飛び上がった途端に方向転換し、下に落ちた時はすでに幕の方を向いているという具合。かなり癖のある舞い方で、奇抜といわれるくらい、体が利いた。そういう曲芸的な芸風は、謹之輔・巖にはなかった。

三人ともに違う教え方と芸風に接してとまどいを覚え続けたあげく、弥左衛門はどうしたのだろうか。結局、三師の教えを咀嚼し醸し、自分のものにしたのだろう。「舞い方や謡い方の違いはどうでもいい。小さいことにこだわるのは宜しくない。金剛流でさえあればいいのだ」という確信に達した。そう確信するにいたった背景には、三人の師匠が芸風は違っても、共通して指導法が親切で懇篤であったことが影響したのではないか。謹之輔は、秘伝・口伝のたぐいも、隠すことなく開放的に伝授し、弟子たちに書写することを許したという。明治・大正期の師匠と弟子家の一般的関係に照らし合わせると、相当に開明的で合理的な指導法を受けたことになる。加えて、弥左衛門の勤勉な性格も作用した。伝書の写しと、自身の演能後に取り続けた克明なノートが、大きな財産になったことは想像に難くない。

冒頭に「師匠連にくらべて地味な芸風」と書いたが、天才肌であったり曲芸的であったりした謹之輔・右京・巌に比べればの話であって、いわゆる舞金剛らしい華麗な演技を見せた、花のある舞台人であり、観客へのサービス精神――堅実で強靭な技に支えられた高次元の――を忘れない人であった。その点は、櫻間道雄や後藤得三ほど地味ではない。

■

京都を中心に演じていた弥左衛門の舞台を、私などはそんなに多くは見ていない。しかし昭和40年代以降に東上しての能には、魅せられて足を運んだ。艶やかでしかも豪壮な〈泰《たい》山府君《ざんぷくん》〉、胸のすくように鮮やかな〈殺生石《せっしょうせき》女体〉、流れ足、反り返りなど特殊な型で苦悶の体を見せる〈葵上無妙之祈《むみょうのいのり》〉など、金剛の名物ともいえる能のおもしろさは無類であった。また、私は〈融《とおる》十三段之舞〉にいたく感銘を受けた。もちろん早舞十三段の颯爽と快いリズム感に打たれていると地謡が「あら面白の遊楽や」と謡うので詞章に実感がこもるのだが、それにもまして、前シテの老人が、廃墟にたたずみ失われた日々を回想するシーンの、さびさびとした雰囲気を得がたいものに感じた。

清田弘が『散花 豊嶋彌左衛門師追悼集』（昭和54年　豊星会）に寄せた次の文が、よく弥左衛門の芸の本質を語っていると思う。

とにかく弥左衛門氏の舞台にはつねに花があった。必ず観る者を楽しませた。これが舞台芸術家の本道であると思ふ。その磨き抜かれた技の切れ味には独得の冴えが見られたが、世上の評価に於いては、それゆゑに損をした面がなくもなかった。一部に彼の芸を職人芸と称して、やや低く位置づけたがる向があった。職人芸といふのが如何なるものかはさておきそも〳〵プロの演技者である以上、その演技力こそがまづもって評価されなければならないのだ。世間でもてはやされる人の中には妙に芸術家ぶったポーズをとる者が居り、それが一部の層に受けてゐる現象を見る。およそ、芸を演ずる者みづからが芸術家ぶったり、学問に従事する者が学者ぶって得意になるほど鼻持ちならぬものはないが、弥左衛門氏は類を異にしてゐた。弥左衛門氏自身は関心外であったかも知れぬが、例の人間国宝指定の順序としては、もっと早いところで考へられて然るべきであったと思ふ。

それにしても、押しも押されもせぬ名人なのに、ついに三老女を一つも舞わずに生涯を終えた。謙譲な人だったのである。

《喜多流》

後藤得三

【ごとう・とくぞう】
明治30年（1897）1月17日・生
平成3年（1991）7月22日・歿
日本芸術院会員・人間国宝

十四世宗家喜多《きた》六平太《ろっぺいた》の高弟であり、十五世宗家喜多実の実兄である。実・得三の兄は俳人の後藤夜半である。実が明治38年（1905）、5歳で喜多家の養嗣子になったのに遅れて、得三は同42年、12歳で六平太の内弟子となる。3歳下の弟は若宗家で、芸の上でも4年先輩であった。当時、内弟子の先輩に金子亀五郎、粟谷益二郎、梅津正保、正木亀三郎がいたそうだが、私などが喜多流の能を見始めたころには誰もいず、後藤得三が名実ともに最長老であり兄でもあるからして、家元・喜多実をもしのぐ鬱然たる大家であった。流儀の統率者として、後継者の指導者として努めた弟に比べて、兄は弟子家の一人として、自己の芸力を高めることに専心できた。

しかし、若き日の閲歴を見ると、喜多実の企画した学生鑑賞能など新しい啓蒙運動の良き協力者である。学生と一緒にビラ張りをし、終演後の座談会で学生と議論した。第4日曜の月並能のあとには舞台の2階で合評会を開き、坂元雪鳥、山崎楽堂、野々村戒三、柳沢澄、三宅襄《のぼる》などの面々と丁々発止の応酬を交わした。

この若々しさは、戦後も昭和24年（1949）に喜多実と二人で催した「能楽兄弟座」で横道萬里雄《よこみちまりお》の新作能〈鷹の泉〉を初演したことにまで繋がる。

昭和2年に出た『現代音楽大観』（日本名鑑協会）という洋楽邦楽を問わず広範なジャンルの演奏家を紹介した書がある。その「後藤得三」の項は「新進として其将来を嘱望されてゐる君は」と書き出して略歴をのべた上で、「君の好曲は四番もので主として〈舟弁慶〉〈紅葉狩〉〈烏頭《うとう》〉〈阿漕《あこぎ》〉〈八島《やしま》〉〈頼政《よりまさ》〉等で、君はつねに能楽の大衆化を叫んで居られる一方テニス、芝居、角力等の趣味を持ち云々」と、ここでも気鋭の新人像が浮かび上がる。

だいたい明治生まれの能楽師たちは総じて芝居（歌舞伎）好きであり、喜多流の面々も例外ではない。なにしろ『後藤得三芸談』や雑誌「喜多」の喜多実追悼号などを読むと、喜多実をはじめ皆で三雲座というのを結成して、四谷の能楽堂で歌舞伎を演じた。それも本

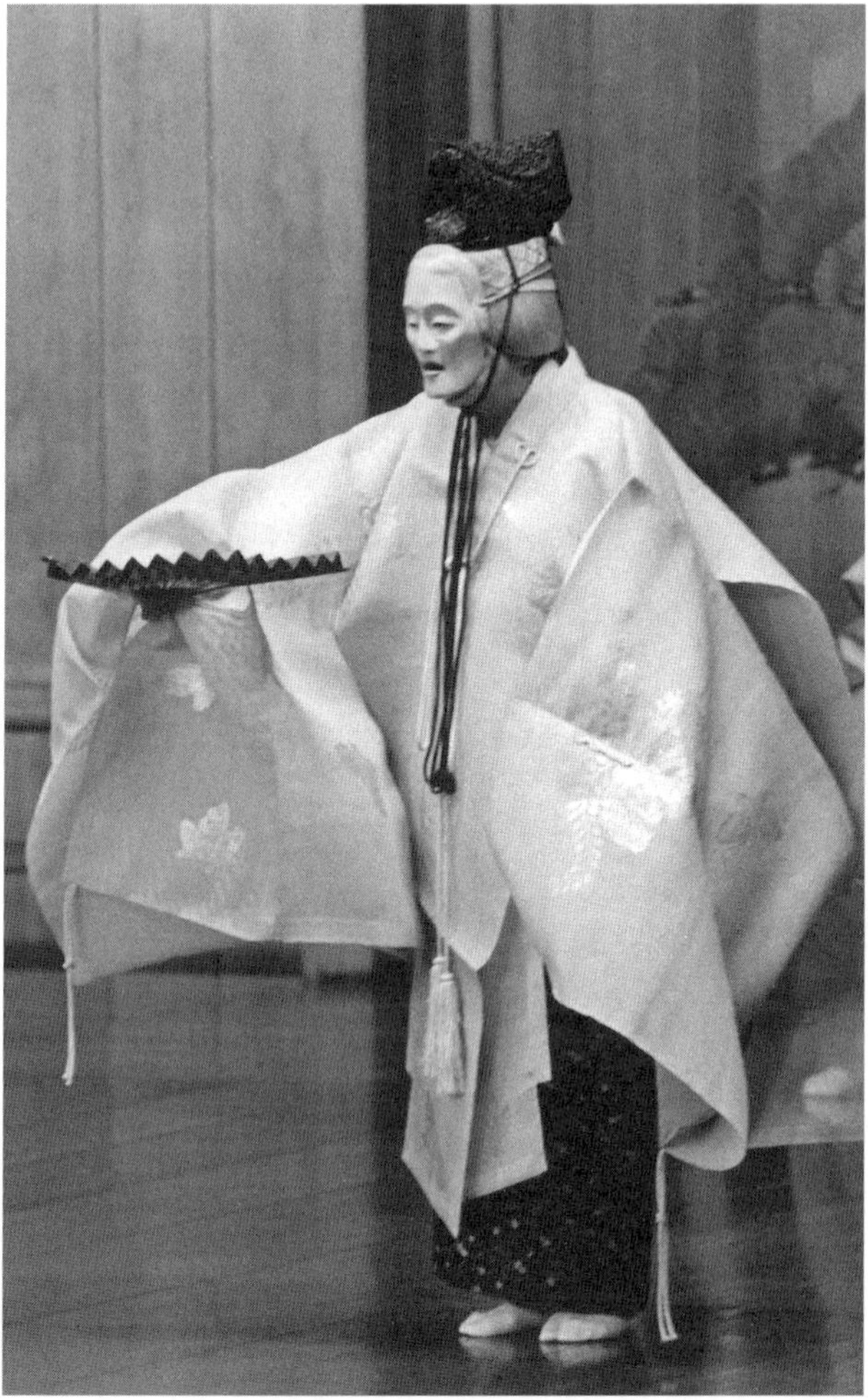

〈鸚鵡小町〉シテ 小野小町

格的に歌舞伎の衣裳を借り、玄人の指導を受け、観客も容れて、3、4回の興行を打っている。喜多実が幡随院《ばんずいいん》長兵衛や山門の五右衛門（なんと「絶景かな」と橋掛リ三ノ松の屋根の上で見得を切ったという）、友枝喜久夫が仁木弾正《にっきだんじょう》、福岡周斎がお富、上野八郎が切られ与三、後藤得三は女形専門で八重桐姫やお軽が得意だったというから驚く。梅若ならばともかく喜多流が？　と思うが、役者ごころ、遊びごころに変わりはないということか。

■

後藤得三が喜多実と決定的に違うところは、実が六平太離れを遂げたのに対し、得三は帰依するがごとく六平太一辺倒だった。

大の六平太贔屓だった戸川秋骨はその著『能楽礼讃』の中で後藤得三に触れ、「一番先生の衣鉢を伝へて居るのは得三さんかも知れない。私にはよく解らないが、少なくともアノ足の運びなどは、最も先生のに近いやうに思ふ」と書いた。これに相呼応するエピソードが『後藤得三芸談』に出てくる。昭和初期、ある日の合評会の席だろう。

弟が、こういうことを言うのです。「父が長生きしてくれれば、問題ないが、万一のことがあった場合、息子の長世や節世はまだ子供だから、父の芸を理解出来る年に至っていない。長じて、おじいちゃんの芸はどんなだったの、と聞かれたらどうしよう。わたしはそんな時、こう答えようと思っている。伯父さんを見てごらん。あれの、ずっとうまいのが、おじいちゃんだよ」って。……なんたる皮肉な言辞であることか。（中略）私がなにか言い返そうとしたそのハナ、戸川さん一人が笑い声に同調せず、「下手な六平太、結構じゃありませんか、世間には上手はいくらもいる。私はそんな上手よりも、下手な六平太になって戴きたい」と敢然と言った。みんなも黙っちゃった。有難かったですよ。得ることのあった一コマです。

というのである。

六平太にどれくらい近似し肉薄しているのか、六平太をナマで知らない私などは実感がつかめないでいる。足腰の強さと運びの確かさは、常に見事であった。ただし、よしそれだけではないにもせよ、変幻自在とか魔術師のようなと評されたのが六平太であるとすれば、後藤得三の舞台からそのような感触を得たことは、あまりないように記憶している。むしろ芸劫を重ねて、静謐な、技巧の冴えとか切れ味を超越したものがあったのではないか。総合的には、いつも深さと滋味をたたえた舞姿が印象に残っている。

風貌にも高僧のような風情がただよっていて、宗教的・求道的な深さを感じさせた。演者その人の人生とともに深まった芸境といってもよい。修羅物でも鬘物でも格調の高い舞台を作り上げる。

もっとも、〈景清《かげきよ》〉や〈鬼界島《きかいがしま》〉〈俊寛〉では、ほとばしるような激情が、一見大胆に強く表現され、しかも品格を失わない。

ただ一点難をいえば、私には後藤得三の謡《うたい》だけは好きになれなかった。いわゆる一本調子で、句末に及んでもピッチがまったく上がらない謡いぶりに抵抗を覚えた。しかし、そういう私の疑問をも乗り超えたものとして、丸岡大二の次の文章がある。

氏の謡には一寸不思議なものがあり、音程が狂っているのではないか、あれでも謡曲一般の範疇に入り得るのか、それを疑ったのである。それが近頃では少しも抵抗を感じず、ほれぼれと観て幸福感にひたることが出来るというのは、如何なるわけであろう。いつの間にか不快であったはずのあの特徴のある謡いぶりに、深い滋味と高い格とを感ずるようになっていたのである。型にしても決して器用なものではなく、しかしグイと一つ段をつけてぬけた、軽やかさと清らかさがあり、それは一つには演者の「心」の問題なのだと思う。欠点をいえば野口兼資にだって、先代万三郎にだってあった。食物でピータン、ブルーチーズ、鮒鮨など、いずれも一クセあるが珍味である。非常に美味なものは、クセのある香りを持つものが多い。そしてまたそれらの場合、クセはなくてはならない持ち味となっているのである。

（昭和37年3月、第七回中日五流能）

そういわれれば、独特の難声でありながら、底に強靱なねばりと、曲趣の的確な把握に裏打ちされた、滋味をたたえた謡であったことは、否定できないように、今は思う。

《喜多流》

喜多実

【きた・みのる】
明治33年（1900）2月23日・生
昭和61年（1986）10月2日・歿
日本芸術院会員

喜多実は、滋賀県出身。後藤真平の三男。明治38年（1905）に十四世喜多六平太《ろっぺいた》能心の養子となり、のちに喜多流十五世宗家となった。家元という立場からして、守旧派の代表選手である。昭和38年（1963）から同42年までは、社団法人能楽協会理事長の任にあったから喜多流だけではなくて能楽界の、いわば体制派である。いわゆる新演出とか異流共演とか他ジャンルとの共演とか、戦後の新しい試みに対して保守的な姿勢を取らざるを得なかったこともある。しかし、一方では、昭和の能界にあってはきわめて進取的、開明的で、先見の明にも富み、知的な、新しい人であった。まず、その方面から見ていこう。

古川緑波（ロッパ）といえば、榎本健一（エノケン）と双璧となって、昭和の東京喜劇を牽引したコメディアンの大スターである。別に能の世界との繋がりはない。しかし、著述の多いこのインテリ俳優に『劇書ノート』（昭和28年・1953）という書評集があり、喜多実の『演能手記』（昭和15年）も取り上げられている。一部を引用してみよう。

喜多実という人は、喜多流喜多六平太氏の息、その道の大家らしいが、甚だ若い人のように思えた。（中略）何と此の世界は、『進歩的ではない』などという言葉では表せない、じっと池の面の波立たぬ静けさを護るにも似た、不可思議な芸術の道らしいのである。はげしい性質の者には、此の世界は如何にも苦しそうである。喜多実氏の如きハリキリボーイにとっては能に対する認識が深ければ深いだけに、何とも苦しそうに思えるのである。実に、彼は積極的であり、突撃的でさえ、あるではないか。そして、それらとは全く反対なものを表現しなければならない世界に棲む──その苦悶を、僕は此の本から感じた。若いけれど実に考えは深い。そして鼻っぱしは強い。（中略）血気禁制の芸術に、多血漢が精進している、その苦悶。その苦悶を思いながら読み了った。

ロッパは喜多実について面識も認識もないようで、ただ内容から推してそう思ったのだろう。「甚だ若い人のように思えた」「若いけれど実に考えは深い、そして鼻っぱしは強い」と、年長者が若者の情熱と苦悩を応援しているかのような口調だが、じつは喜多実のほうが3歳年長で、『演能手記』が出版された昭和15年に、ロッパは37歳、喜多実は40歳だった。戦前のそのころ、40歳といえば老境を迎えたに等しく、ふつう若いとはいわない。しかし、人にそう思わせる「若さ」が喜多実にはあったのだ。

昭和14、15年当時、能界の名人大家といえば、観世流の梅若万三郎、宝生流の野口兼資《かねすけ》、喜多流の喜多六平太である。そして、世代論的に、喜多実は実兄の後藤得三、宝生の近藤乾三、金春の櫻間弓川、櫻間道雄、観世の観世左近らとともに次の時代を背負って立つことが目に見えている名手であった。しかも他の役者にない喜多実の特長は、前代の名人大家の芸と生き方を継承するに留まらない。あえていえば批判的に継承する新しさである。

その新しさは、次の三点に分けて考えられる。すなわち第一に学生鑑賞能の主催、第二に新作能の実践、第三に能演出の見直しである。

学生鑑賞能は、今では各流ともめずらしくもない啓蒙活動の一環だが、関東大震災後の大正14年（1925）に、25歳の喜多実が率先して実現した新しい活動だった。だいたい、明治・大正の能は財閥や華族と、それに準ずるような特権階級の慰みでしかなかった。貴

〈翁〉翁

顕紳士や有閑夫人のサロン、といいかえてもよい。これではいけない、なんとか一般社会に能を普及させていかなくては能の将来はないと、喜多実は考えた。それには将来の良き観客になるのは学生であると期待し、よい能を廉価で見せようと思い立った。そして定例の喜多会とは別に青年喜多会を組織し、その主催のもとに学生鑑賞能を実行に移した。そのためには、自身、銀座でポスターを貼ったり、学生の乗り降りの多い駅でビラやマッチを配ったりした。当時は800人収容できる客席の完備した靖国神社能楽堂を舞台に、春秋2回の催しを続けた。会場は朝日新聞社講堂や軍人会館（元、九段会館）のこともあった。利益を度外視した運営なので、ワキ方や囃子方には低額の出演料を出したが、喜多流の演者はノーギャラでつとめた。これは大成功を収め、回を追うごとに観能を希望する学生が増え、活況を呈した。多い時は補助席も出して1200～1300人も集まったという。たとえば昭和6年6月の学生鑑賞能を取り上げた坂元雪鳥は、次のように報じ、評価している。

演了後更に有志座談会を、舞台附属の食堂で開いたところ、忽ち男女大学専門学生約七十名が集り、実氏以下の出演者を取り囲んで、三時間も議論を闘はしたさうだ。これは現代に於いて喜多実氏やその実兄後藤得三氏などで無くては、一寸真似の出来ない芸である。紳士淑女のお相手は各流が競つてやつてゐるであらうけれども、学生と四つに組んで押し合ふ頭脳と力量とは、この二氏の如きを他流に求むる事は出来まい。斯うやつて喜多流が、青年の間に進展して行く勢は、将来何ういふ結果を来すであらうか。他流に取つて喜多実氏は、真に気味の悪い存在であらねばならぬ。

能がほんとうに市民社会に浸透するのは戦後も昭和30年代以後だが、その先駆けとなる運動を、喜多実が戦前すでに果たしているということができる。

後年の能の研究者や評論家には、若き日にこの学生鑑賞能を見たことが能への入門になった人が少なくない。その代表的な一人に横道萬里雄《よこみちまりお》がいたのである。

第二。新作能の上演でも喜多実は先駆者である。師父である六平太は新作能反対論者だったが、実は敢然として一つの運動として、新作を演じ続けた。実も、家元後継者として、古典の能に手を加えたり新しい演出を試みたりすることには禁欲的であったと思われる。しかし、新しい作品ならば新しい可能性を試み、役者ごころを働かせることができると思ったのではないか。その活動は、土岐善麿《ときぜんまろ》との出会いに始まる。昭和10年（1935）、土岐善麿は50歳過ぎて相知った、15歳も年下の喜多実の能と人格に魅せられ、それまで長年稽古し親しんできた観世流の謡を放擲《ほうてき》し、生涯喜多実に師事した。土岐善麿の新作能は全部で16番あるが、喜多実はそのうちの13番を作曲・作舞し上演している。〈夢殿〉〈和気《わけの》清麻呂《きよまろ》〉〈顕如《けんにょ》〉〈青衣女人《しょうえのにょにん》〉〈親鸞《しんらん》〉〈実朝《さねとも》〉〈秀衡《ひでひら》〉〈綾鼓《あやのつづみ》〉〈四面楚歌《しめんそか》〉〈鶴〉〈使徒パウロ〉〈復活〉〈鑑真和上〉の13番である。このうち〈綾鼓〉は、世阿弥の原作に補訂を加え、特にクセとキリの詞章が新しいが、現在、喜多流としては宝生・金剛に倣って復曲した、古典の能に準じた扱いをしている。これらを花火のように打ちあげるだけでなく、再三再演して練りあげているところにも、意欲と見識がうかがわれる。

善麿の能の文章について、喜多実は、

> 土岐さんの手元から渡された詞章を、私はまずなん遍も音読します。そのうちにいつの間にか節がついてきまして、節付けということにそれほどの苦心は要りませんでした。文章としても、従来の名曲に劣るものではないことを、私ははっきりいえると思います。

と、のべている。横道萬里雄も難解な漢語や仏語の駆使と在来の能の様式や構成を守っていることに批判を寄せながら、

> そうはいうものの、「夢殿」の、七堂伽藍に花の散りかかる叙景や、「青衣女人」で

癩の苦しみを描いた所などには、在来曲にはかつてない新鮮な感覚がある。文辞の隅々にまで神経が行き届いている点、善麿は、『種・作・書』の『書』の作者だと言える。「夢殿」などは、世阿弥の線をのぼりつめた昭和の能という意味で、将来長く残したい。

と評価している。

その横道萬里雄の新作能〈鷹姫〉も、もとはといえば〈鷹の泉〉の名で昭和24年、喜多実が上演した作の改訂版であった。

第三。演出の見直しは、注釈を要する。従来に無い新しい演出を志したのではない。むしろ反対である。たとえば大正14年5月の〈船弁慶〉についての雪鳥の評。

「舟子ども早ともづなを」と膝ついてゐるのをクルリと幕へ向いて月の扇をする型は、六平太氏のやうに軽い手際で見せず、じわ〳〵と体をくづさず向き直つたのを美しくも面白くも感じた。自分には自分の行き道があると宣言してゐるもののやう思はれた。

喜多実は六平太の養子になった6歳から稽古を受けた。それは正しい形と強い気魄ということに重点を置いた稽古で、毎日烈しい叱責のなかで15、16歳までを過ごした。一点一画をおろそかにしない、徹底的に楷書の芸を仕込まれた。ところが実が成長するに及んで、六平太は、楷書ばかりではなく「呼吸の変化」とか「虚実的技術」とかいったことを教え出した。そのとき実は、それまでの正しい形と気魄を重んじた教えをありがたく受け止め、しかし、父の天才的な技と教えについて行けないものを感じ始めた。20代の〈道成寺〉の抜《ひら》き以後は、六平太に教わろうとしなかったという。

「明治の三名人」という昭和23年に書かれた、かなり思い切った発言、喜多実の能楽観がよく出ている文章がある。いわゆる明治三名人の技術は称賛しながら、痛烈な疑問を投げかける。宝生九郎の「玉を転ばすような柔かい節廻しと玲瓏な声調」「綺麗な声と、楽々とした節扱い」、梅若実の「能の民衆化を率先実践し」「まるで芝居みたいな」「演出の巧みさ」、櫻間伴馬の「名声は比較的技術本位の曲に集って、動きの少ない、然し能としてもっとも高度とされる曲に薄い点」を指摘したのちに、次のように結ぶのである。

私の不思議にたえない点は、世阿弥のいわゆる幽玄の境地がこの人々にとってはかくべつ関心されていないことである。恐らくこの人々にとっては、そんな迂遠な理想を追うよりも、思う存分腕を揮うことによって、見物の喝采を博する、現実的な成功が何よりの関心事であったのではなかろうか。何か舞台の上だけの芸、こういった感じがするのは、私のそのころの幼稚な頭のせいだけであろうか。（中略）これら三人によって代表される第一期と、万三郎、六平太、新らによる第二期をひっくるめて、私は能技術の爛熟期であると思う。恐らく能楽全体を通じてもっとも華やかな時代ではなかったかとさえ考えるが、国の復興と運命をともにする次の能楽興隆は、大いなる反省によらなくては意義はない。少なくとも九郎、実時代の再版であってはならないと私は考える。

世阿弥への理解と傾倒は、旧世代（第一期、第二期）の能楽師の及ぶところではない。いかにも新時代の知的な能楽師であると同時に、技術の爛熟以外の境地、深い精神性によりどころを求める姿勢がうかがわれる。「迂遠」であっても「理想」を追求する道を選んだのである。あくまでも六平太によって培われた正しい形と気魄を重んじながら、しかしその天才的な技を模倣することを避けた。実自身が少年時代には麒麟児とも天才とも謳われていた。しきりに発する自己評価「不器用」は決して当たらない。器用な資質を封じて、厳正忠実で重厚な芸風を築いたのである。それはまた、多くのすぐれた弟子を育て上げた功績にも通じるものであった。

《観世流》

五十五世

梅若六郎

【うめわか・ろくろう】
明治40年（1907）8月3日・生
昭和54年（1979）2月18日・歿
日本芸術院会員

ここで論ずる梅若六郎は五十五世であり、その後嗣、現代の六郎玄祥《げんしょう》は五十六世である。金春家の八十世ほどではないにしても、この代数は異常に多い。観阿弥を初世、世阿弥を二世とする観世宗家が現在二十六世なのだから、本当は、能の家として五十だの八十だのという数字が出てくるのは不自然だろう。しかし、金春家は秦河勝《はたのかわかつ》、梅若家は橘諸兄《たちばなのもろえ》を先祖とする家系図に拠っているから、こうなるのである。文献の上では、『看聞日記《かんもんにっき》』応永23年（1416）3月9日の条に、仙洞御所で猿楽が演じられ「梅若仕る」とあるのが早い記録であり、その頃から数えると二十世前後になり、それでも充分に古い家柄である。

梅若六郎は、青年時代から繊細で流麗な芸風で人気を博してきた。まれに見るほど秀でた容姿と美声に恵まれ、織巧華麗な謡と舞い姿の魅力は終生変わらなかった。言うまでもなく父は二世梅若実だが、伯父に初世梅若万三郎がいて、六郎はこの二人の名人から、というよりもむしろ伯父から大きな影響を受けている。昭和36年（1961）、京都での「独演五番能を語る座談会」誌上で、修業時代に父と伯父の二人から受けた薫陶を振り返って次のように語っている。

万三郎伯父の稽古は手をとって教えてくれる方なんです。この手はもう少し高くとか、そこの所はこうしなければならんとか。父の方はそうではなく、大体自分で教えておいて、あとは自分で工夫しろというい き方なんです。（中略）一口に申しますと、外から内なるものに迫ろうという教え方と、内から外なるものをつかもうとする教えようの違いだと思います。今日までこの両方を自分がとって、それに工夫を加えてやって来た訳なんです。

能役者は、歌舞伎でいえば立役《たちやく》も女形も、荒事《あらごと》も和事《わごと》も、二枚目も敵役も、すべて区別がない。能役者ならば、誰しもが、神男女狂鬼のすべての演目を演じなければならないし、事実、そのすべてを演じられない役者はいない。それでも、おのずからなる柄というものはある。六郎は、やはり三番目物の得意な、三番目物に向いている役者だったということができる。父の二世実も若き日には三番目物が得意だったが、中年以降はたとえば〈阿漕《あこぎ》〉〈善知鳥《うとう》〉〈俊寛〉〈通小町《かよい》〉の系統を得手としたのに対し、六郎の得意なのは〈羽衣〉〈熊野《ゆや》〉〈松風〉〈江口〉〈井筒〉であり、四番目物でも〈三井寺〉〈班女《はんじょ》〉〈花筐《はながたみ》〉〈砧《きぬた》〉の狂女物だった。父・実との対比で、実は四番目、六郎は三番目。実は人間的なドラマ、六郎は色気のある美しさが、その芸風といえようか。

そして、この芸風には伯父、初世万三郎の教えと影響があった。人間的にも、万三郎は長男でおっとりとしていたのに対し、実は次男で負けず嫌いと対照的で、芸の上でも六郎の持ち味は、おっとりと穏やかなところにある。事実、父実は「三番目物は兄貴のほうが数段上だから習っておけ」といっていたそうだ。万三郎が観世に復帰してからでも、この関係は変わらなかった。

『梅若実聞書』に次のような一節がある。

先日のせがれ（六郎氏）の楊貴妃はよござんした。家へ帰つてから、ほめてやりました。品がよく、しっとりとして居て、いかにも落着いた芸でした。せがれは私と似

〈熊野〉シテ 熊野

ずに、あんな何もない静かな能が向きますね。私など、好き嫌ひを言つちやいけないんでしょうが、あゝいふ能は、どうも舞つて、あまり面白くありません。

六郎は、このように良き師と環境に恵まれたのだが、自己の資質として、父や伯父よりも近代的で端麗な芸風を築いた人といえる。

謡の巧さは抜群であった。父譲りの、少し含み声の、流麗で艶やかな美声である。ただし父はリズムと力で押してくる劇的な謡、六郎はメロディカルで音楽的な謡、といえる。力が横溢するようなエネルギッシュな感じでなく、華麗だけれど冷静な、行儀の良い謡である。その意味では、いわゆる梅若ふうの優美な芸を最も代表する。この梅若風の謡の亜流ないしイミテーションはしばしば気障に聞こえるが、本家の六郎は発声に無理がなく、静かな中に力がたたえられている。どちらかといえばその甘美な舞台には毀誉褒貶《きよほうへん》もあったが、晩年には深みと寂びを加えた芸境に至った。

■

いわゆる観梅問題は、大正10年（1921）、父二世実と伯父初世万三郎、それに六世観世銕之丞《てつのじょう》（華雪）が、観世流を離れて梅若流を興したことに始まり、第二次大戦後にまで持ち越すが、最終的な収束と解決を迫られて苦悩したのは、五十五世六郎であった。その直面した経緯は次の通りである。

昭和20年（1945）4月、情報局の指示で、従来の梅若流は梅若派と改称し、五流宗家に準ずる処遇を受けることになり、覚書が作成され、五流一派による能楽協会の設立が決まった。同時に梅若専属の三役は梅若を出て、それぞれの役の家元の支配下に入った。同22年、いよいよ協会が発足するに際して、前記覚書の解釈問題が起こり、観世宗家は梅若一派を認めず、梅若を除外して五流宗家により協会は設立された。従って、所属三役のいない梅若流は演能不能となるが、翌年、GHQの勧告により、協会内の三役は梅若流の演能にも協力出演することになった。ところが、昭和26年、講和条約発効に伴い、能楽協会は、GHQの勧告は無効であるとし、またしても演能不能となる。

六郎は「能楽タイムズ」（昭和28年3月号）に、
　能楽師として能舞台で舞えないぐらいつらいことはない。経済的にも精神的にも苦痛で、まつたく弱つている、父（実）も年をとつているのでいまのうちにうんと舞台を勤めさせたい、協会の指令は全国的なのでどこへ行つても演能は出来ないし、芸術祭にも参加できない……。

という談話を寄せている。痛切な実感であろう。結局、能楽協会元会長の湯沢三千男らの調停で話し合いが進み、同29年1月、宝生《ほうしょう》九郎《くろう》重英《しげふさ》（十七世宗家）・橋岡久太郎《きゅうたろう》・近藤乾三・後藤得三・幸祥光《こうよしみつ》立合いのもと、梅若六郎と観世元正とが和解の調印を行い、梅若は観世流に完全復帰した。

「観世」29年2月号に「観世流になるこの日のこころ」という六郎の文章が載っている。

> 三十余年の永いわだかまりがすつかりなくなつて、ほつとしました。（中略）只父に能を舞つてもらい、私共に見せておいてもらう機会がほしい。それさえ出来たら他は問題ではありません。これで父が晴れ〴〵れと舞つてくれると思いますと、どんな心の苦しさもふき払われる心地がいたします。時世も変つていますし能楽師が能を考え、大局から見て決心したことを祖先も、全国の私共を支持して下さる方々も共に喜んで下さることと信じます。

苦渋の選択であったかもしれないが、名を捨てて実を取るという、真率な気持ちと近代的な判断力が感じられる。

■

梅若六郎は生涯に２１００番以上の能を舞った。しかも、三老女を含め、現行曲のすべてを演じたのはあまり例がない。公開の催しで舞ったものに限ってだから、同じような境遇にある役者の中でも群を抜いた記録である。演目別に見ると、〈羽衣〉〈松風〉〈井筒〉〈天《てん》鼓《こ》〉〈三井寺〉〈弱法師《よろぼし》〉〈船弁慶〉〈熊野《ゆや》〉〈葵上〉〈花筐《はながたみ》〉〈融《とおる》〉〈班女《はんじょ》〉〈猩々乱《しょうじょうみだれ》〉〈隅田川〉〈石橋《しゃっきょう》〉〈砧《きぬた》〉〈安宅《あたか》〉は30回以上、そのうちでも〈船弁慶〉〈井筒〉〈安宅〉〈猩々乱〉〈石橋〉などは、何と70回以上も演じているという。

昭和42年（1967）1月には日本芸術院会員に就任した。能楽界からの芸術院会員は、戦前は梅若万三郎と宝生新だけ、戦後は喜多六平太、野口兼資《かねすけ》、観世銕之丞華雪《かせつ》、川崎九《きゅう》淵《えん》、梅若実、櫻間《さくらま》弓川《きゅうせん》、宝生九郎重英、橋岡久太郎、幸祥光について、六郎が10人目である。いわゆる万・六・銕（初世梅若万三郎・二世梅若実・観世華雪）の三人すべてに六郎も加えての芸術院入りは、近代能楽史に占める梅若家の実績を端的に証すものといってよい。

《宝生流》

高橋進・松本恵雄・三川泉

坂元雪鳥の「宝生の二星と櫻間金太郎氏」は、櫻間弓川《さくらまきゅうせん》の項でも引用したが、そこには次のような指摘もあった。

一体宝生流といふ流儀は一寸西蔵（チベット）見たいな感じがする。西蔵といふ所は金銀珠玉の山を築いて居る所らしいが他国人には其真相が判然と知られて居ない、力めて知らすまいと防いで居るといふ話である。宝生流も城壁を高くし塹壕を深くして、其内輪の事を外に知らせない様にして居るらしく思ふ。

大正元年（1912）の文章だから、昭和の、それも戦後の情況には必ずしも当てはまらないが、他流に比べればやはり同じようなことがいえる。十七世宝生九郎重英《しげふさ》歿後の昭和51年（1976）、今井泰男が玉華会を主宰、発足させるまでは流儀主催の宝生会と五雲会だけが発表の場で、それ以外に個人が演能会を主宰することは禁じられていた。代々の師父からの伝承を堅く守り、能の格式と骨法に忠実な実力派の層が厚い。その反面、一般的なアピールとかサービス精神を志向することはない。いきおいスター性とか知名度とは縁が薄い。

ここにあげた三人もそうである。実力とキャリアのわりに有名ではない。高橋進は近藤乾三に次いで人間国宝に認定され、その高橋と近藤が亡くなって数年後、松本恵雄《しげお》が認定され、恵雄歿後は入れ替わりに三川泉が認定された。高橋の芸術選奨文部大臣賞、松本の観世寿夫記念法政大学能楽賞受賞のほかには、三人ともこれといった栄誉を受けていない。

高橋進の13歳年下が松本恵雄、その7歳下が三川泉である。明治生まれの高橋が群を抜いて先輩だから、他の二人は高橋に教えを乞うてもいるが、三人に共通しているのは、宝生流のつねとして家元（十七世九郎重英）に師事しつつも、一方で野口兼資《かねすけ》、近藤乾三を師と仰いで歩んできたことである。

高橋進

【たかはし・すすむ】
明治35年（1902）1月1日・生
昭和59年（1984）10月19日・歿
人間国宝

高橋進は、近藤乾三門下からスタートし、次に十六世宝生九郎知栄《ともはる》最晩年の弟子となった。近藤乾三より一回り下の寅年である。

もともと茨城県、今の下妻市出身だが、10歳の時、叔母の嫁ぎ先である横浜の貿易商、高橋頼治の養子となった。この養父が能狂というのか、横浜から深川木場冬木町まで通って野口兼資に謡を、大倉繁次郎《はんじろう》（七左衛門の父）に鼓を、藤田多賀蔵《たがぞう》に笛を習った人で、進が養子に入った当時は、近藤乾三、藤野濤平、今井竹二の三人が出稽古に来ていた。商売そっちのけで謡ったり、同好の士を集めて謡のクラブを作ったりしていた。英語はペラペラ、若い時はブラスバンドもやったという、裕福な趣味人。そういう父のもとで、当然のように謡をやらされ、12歳で近藤乾三に入門するが、その翌年、乾三の推薦で九郎知栄の内弟子となり、大正6年（1917）に九郎が亡くなるまで2年間みっちり鍛えられた。2年間とはいっても、朝に謡、昼は舞、夜また謡の稽古、そのほかに松本・野口・近藤という先輩たちの稽古を見て聞いて……、それが盆も正月もなく本当に毎日のことだったという。14〜15歳の多感な少年時代にそういう密度の濃い稽古を積んだのは、僥倖《ぎょうこう》ともいうべき貴重な経験であっただろう。九郎知栄亡きあとは十七世九郎重英門下となるが、野口兼資、近藤乾三の薫陶をも受けながら、大成した。

いかに野口兼資の影響を受けていたかは、たとえば坂元雪鳥《せっちょう》の次のような評を見てもよくわかる。昭和6年（1931）、高橋進29歳の舞台である。

宝生青年能ではヤハリ高橋進氏の「羽衣」が傑出してゐると見た。少し仰向き加減にしたところ、爪先を思ひ切つて高く上げ運ぶ様子など、政吉氏の雛形といふ観があつて、ほゝ笑ませられもしたが、然しよく練れたものだと思つた。

雪鳥はここでは型のことだけいっているが、後年は謡も兼資ばりになった。特に名地頭《じがしら》としての活躍は、五流随一であり、いくら称揚してもいい過ぎではない。重厚で、的確で、ノリがよい。独特の難声で、だから美声や声量にものをいわせるのではなく、きわめて静謐な、しかしものすごい迫力でリードし謡いすすめる。師の近藤乾三はどちらかといえば美声で、高橋進はそれと違うが、声を抑えて息に音をのせて謡い進める求心力は同じで、近藤乾三以上かもしれない。たとえば、昭和51年（1976）9月、能楽鑑賞の会で田中幾之助の舞った〈蟬丸〉の地頭など、左右に松本惠雄と今井泰男が配され、地頭の息を、その意図を汲んで謡う。そういう地謡の魅力が、宝生流の能をいかに格調高く豊かなものにしてきたことか。

また、近藤乾三が弔辞で讃えたように、高橋進の後進への温かく厳しい指導は定評があった。宝生会月並能はもちろん、若手の勉強会である五雲会でも、他人の能を熱心に見ていた。そして、助言を与えたり容赦なく批判したりしていたそうだ。だから、若手からは煙たがられもしただろうが、慕われてもいた。それはそのまま、自身が野口兼資から受けてきた教えと、その生き方を範として、次の世代に写していった、まさに伝承という営みであった。

もちろん、シテで強い印象を残している能は、いくつも挙げることができる。

昭和44年5月の宝生別会に見た〈卒都婆《そとば》小町〉。この老女物をそれまでに観世流の演者で2回見ていたが、高橋進の舞台ではじめてこの作品のおもしろさを知った。まず、終始、

〈卒都婆小町〉シテ 小野小町（老女）

寂びた声の中に明晰さを保った謡がすばらしい。「これなる朽ち木に……」と床几《しょうぎ》にかけるところでつぶやく独り言、戯《ざ》れ歌を詠む前の小首をかしげるようなしぐさが、巧まずして洒脱である。そして「心の花のまだあれば」とか「われも休むは苦しいか」とか反問のことばを堂々といい放つところを含めて、臈長けた気品が全体のトーンをおおっていた。51年10月に芸術祭能で演じた〈卒都婆小町〉からも、基本的に同じ印象を受けたが、この能に独特の劇的起伏は充分に感じさせながらも、そこを突き抜けて、自在の軽みに達した、より深い芸境を見せてくれた。

45年10月の〈求塚《もとめづか》〉と11月の〈善知鳥《うとう》〉。この種の劇的な能、その凄惨さ、厳しさ、悲しみを造型する描写力は圧倒的である。それも、けっして凄んでみせるのではなく、むしろ静かで内的な密度で観る者を引き込んでゆくのだった。

48年10月宝生会の〈盛久〉は、前半の重厚な演技に悲壮感がただよい、急転しての男舞は、単に喜びの舞というよりは、決然として緊張度が高く、男舞とはかくあるものかという説得性があった。

私は、個人的な近づきを得なかったが、日常的に座談の名手であり、洒落や警句をとばして人を和やかにさせる、磊落《らいらく》な人柄であることは、見聞きしている。

昭和49年9月、私も運営委員の一人である能楽鑑賞の会の第7回公演に、〈砧《きぬた》〉を演じてもらった。このとき進は「宿願の砧の能を勤めばや」という一句を詠んでいる。何と初演だったのである。宝生流が〈砧〉という能を重んじていることがわかるが、それにしても当時すでに72歳の長老である。これを見に行った観世寿夫（高橋進とは、古く鎌倉の高浜虚子邸でともに謡ったり舞ったりもした懇意の仲である）が、「楽屋へ挨拶に行ったら、俺のなんか参考にならないよ、キヌタじゃなくてタヌキだから、なんておっしゃってさ」と、笑いながら話してくれた。丸顔の親しみやすい面差しの高橋進を思うと、その軽口がおかしい。もちろん当日の〈砧〉は、タヌキどころか、朝日新聞の能評で丸岡大二が「シテは実にシッカリと力をため、スキのない格の高い能であった」と評した通りの成果だった。

松本恵雄

【まつもと・しげお】
大正４年（１９１５）10月７日・生
平成15年（２００３）２月５日・歿
人間国宝

松本長《ながし》の次男だから、宝生流ではいわば名門の御曹司である。そういう生まれであるにもかかわらず、幼少時代に能の稽古ひと筋という経験をしていない。というのも、９歳上に兄の孝がいて、天才的な子方といわれ嘱望されていた。松本長は、この長男が能の道を継いでいってくれればよいと考えて、次男の恵雄にはほとんど稽古はつけなかったらしい。孝は十六世宝生九郎知栄《ともはる》の薫陶も受けていたが、病弱で肺を病み、17、18歳のころには体力的に能ができなくなった。そして高浜虚子について本格的に作句に励み、芸に対する情熱はあげて俳句にそそぐこととなった。孝はのちに、高名な俳人松本たかしとして一家をなすに至る。

さて、そうなると次男の惠雄に能の修業をさせようと、周囲の目が集まる。それでも、はじめは父も惠雄も積極的ではなかった。惠雄は早稲田大学に入学する。転機は母（長夫人）の一言だった。「惠雄にやらせて下さい」と父に頼んだ。それでは、というので早稲田を中退して能に専心することになったのは、昭和９年（１９３４）、19歳の時だった。門閥の子弟としては、遅すぎたといえるだろう。しかし、稽古を始めるとなると自然に集中できた。もともと猿楽町の舞台で子どものころから能は見てきて嫌いではなかった。消極的だった父の長も惠雄がやる気になったことをたいへん喜んだという。何ともおっとりとして、悠揚せまらぬ名家の父と子である。一言を発した母も賢夫人だったのだろう。

父長は昭和10年に他界するので二年稽古を受けたにとどまるが、父歿後は十七世宝生九郎重英《しげふさ》に師事し内弟子もつとめた。戦後は家元にも通いながら野口兼資《かねすけ》に、兼資歿後は近藤乾三に師事した。野口兼資の、松本惠雄以下の役者たちへの感化のほどは、野口兼資の項でのべたとおりである。

初シテは24歳の〈花月《かげつ》〉、習い物の披《ひら》きも〈道成寺〉が39歳、〈石橋《しゃっきょう》〉が42歳、〈猩々乱《しょうじょうみだれ》〉が43歳と、スタートが遅かったから、いずれも高年齢である。にもかかわらず、めきめきと頭角を現していった。天性の資質に加えて努力が稔ったとしかいいようがない。

冒頭にものべたように、宝生流の地味で堅実な行き方からすると、世俗的な知名度にかけては、戦後も野口兼資《かねすけ》、近藤乾三、高橋進、田中幾之助《いくのすけ》、大坪十喜雄、野村蘭作といった元老級、それに宝生九郎重英・英雄《ふさお》の宗家父子がいることは明らかだったが、そのあとに実力を蓄えた中堅・若手たちが続々と控えていても、なかなか光が当たらなかった。それは、松本忠宏、今井泰男、波吉信和、渡辺三郎、武田喜永、三川泉、金井章……という人々だが、松本恵雄はその布陣のトップに位置していたのである。その芸を早い時期に認め、真価を能評で明確に示したのは大河内俊輝だった。いささか長くなるが、松本恵雄の芸風、芸質をよくいい表しているので、引用したい。「能楽タイムズ」昭和29年3月号で、恵雄が39歳で演じた〈女郎花《おみなめし》〉に触れて大河内は次のように分析している。

松本恵雄には、現代の能が忘れている端正な、みずみずしさがある。真直ぐ中央を貫く背骨を中心に、くっきりとしまった首が、その上に座を占め、両手はつねに左右均勢された位置にあり、微動だにもすることがない。それは黄金裁断にも似た、美の典型的なものというべきで、あらゆる姿態の変化にも崩れることを知らないのである。

そして面の遣《つか》い方、手の動き、足の動きの美点を挙げたのちに、次のように結ぶ。

〈大原御幸〉シテ 建礼門院

これは、能の基本的形態を突詰めることから感情が生れる、ということの、忠実な実践によって生み出されたもので、型の無意味な追随に終始する楽師、あるいは、感情の末に生れた、美に昇華されぬ形態を能にもちこむことにより、いたずらなる形式美への混乱を見せている楽師たちには、再考をうながすにたる、すぐれた演技というべきであった。

昭和43年、芸術選奨文部大臣新人賞を受賞した。これで、宝生流に松本恵雄ありと、多くの人に知らしめることになった。五雲会〈志賀〉〈融遊曲〉のシテ、芸術祭能〈景清《かげきよ》〉のツレ（シテは近藤乾三）などにおける品格とすぐれた演技が高く買われたのだが、時に53歳だったから、それで「新人」かと疑問と驚きの声もあがった。本人も「能楽タイムズ」紙上の談話で「私も新人賞という名には少しこだわりました。しかし能楽界は厳しいものですし、一時代前とちがっていま立派な舞台をお勤めになる一流の方は多く60代から70代の方ですね。その意味からすれば、私が新人というのも当然のことです」とのべている。すでにそのころ長寿時代に入っていて、明治30年代生まれぐらいの役者の層が厚かった。当時、よく中堅クラスの落語家が枕で「我々のほうでは、どうも先輩が長生きしておりまして」と、わざと楽屋へ聞こえよがしにいっては笑いをとっていたが、能楽界もまったく同じで、すぐれた演者であっても、社会通念には反しても、53歳を新人と呼んではばからなかったのだった。

とにかくその舞台の格調と美しさ、気品の高さは、「立っているだけで完璧な形」とか、「後光がさす」とか、「素晴らしい彫像のよう」とか、つねに讃嘆のまとになった。たとえば〈東北《とうぼく》〉（昭和49年1月 宝生会）、〈野宮〉（同54年3月 労音主催能・同60年12月 国立能楽堂特別公演）、〈定家〉（同58年12月 能楽鑑賞の会）、〈采女《うねめ》〉（同62年3月 国立能楽堂定例公演）など、本三番目物のシテの立ち姿、舞い姿は、匂い立つように美しかった。〈野宮〉などは近藤乾三も櫻間道雄、田中幾之助もこの品格には及ばないと評されたものだった。

芸格の高さが改めて評価されたのは〈大原御幸〉（同57年11月 近藤乾三の会）で、これで芸術祭大賞・観世寿夫記念法政大学能楽賞を受賞した。

一方、〈望月〉（同47年10月 能楽春秋会）、〈藤戸〉（同54年11月 能楽鑑賞の会）、〈綾鼓《あやのつづみ》〉（同61年5月 石橋メモリアルホール）のような動的な能でもひけは取らない。〈望月《もちづき》〉の獅子舞も激しくスピーディに舞いながら、一糸乱れず切れ味がよい。〈藤戸〉では「今は何をか」で膝を崩してモロジオリするところ、「我が子と同じ道に」とワキに迫る意気など、的確な演技が印象を残している。

ただし、謡についていえば、その声は太く美しかったたし、地頭《じがしら》もしばしばつとめたが、高橋進の項でのべた「息に音をのせて謡い進める求心力」が宝生流の謡の美点だとすれば、それとは少し違うので、毀誉褒貶《きよほうへん》相半ばし、型と姿の美しさほどの評価は得られなかったように思う。

今井泰男の玉華会に続いて宝生流でも個人主宰の会が次々と生まれた。松本恵雄もずいぶん周囲から勧められただろうが、ついに自身の会を開くことはなかった。そして、自己を律すること厳しく、晩年は公の舞台に立つことを固辞したという。大河内俊輝によると「この頃、能を楽しむという奴がいる。そんな心掛けで能が舞えると思っているのか」と怒っていたそうである。能は平成9年（1997）10月の〈巻絹《まきぎぬ》〉（宝生会別会）が舞い納めで、その後は仕舞だけ舞うようになり、最後の二年間はそれもやめた。多くの美しい舞台姿は、写真集『松本恵雄舞姿百撰』（小林保治・佐藤拓夫編、此松舍）に残された。

三川泉

【みかわ・いずみ】
大正11年（1922）2月1日・生
平成28年（2016）2月13日・歿
人間国宝

三川家は祖父の代まで、出羽庄内藩（山形県）の能役者だった。藩主酒井家が三河守であったことに遠慮して、江戸時代は、三川を「さがわ」と称した。「鶴岡にはさがわ能と黒川能があると言われていたらしいよ」と、ご自身から伺ったことがある。明治以後「みかわ」に復した。

父、三川寿水は幼時からその父・九十馬の教えを受けていたが、明治41年（1908）に上京、改めて十六世宝生九郎知栄《ともはる》について修業を積んだ。同43年に前田侯爵邸で天覧能・台覧能が催されるが、その2日目、7月10日の皇后（照憲皇太后）台覧能には、喜多六平太〈竹生島《ちくぶしま》〉と梅若万三郎〈正尊《しょうぞん》〉に挿まれて松本長《ながし》の〈山姥《やまんば》〉があり、三川寿水はツレの遊女を演じている。すでに30代半ばの働き盛りとはいえ、上京2年後に晴れがましい舞台に重用されているのは、実力のほどを物語るものだろう。しかし、九郎知栄歿後は引退して、素人の教授に徹した。

三川泉は、この父の四男として、大正11年（1922）、東京市本所区小泉町に生まれた。今の墨田区両国三丁目、芥川龍之介生育の地でもある。しかし、泉の生まれた翌12年、関東大震災に遭い、父子はいったん帰郷し復興とともに同13年、ふたたび上京して麴町平河町、次いで四谷伝馬町に移る。

松本惠雄《しげお》に松本たかしがいたように、泉にとっても、17歳年上の兄、三川清（寿水の次男）の存在が大きかった。清は幼時は十六世に稽古を受けたが、8歳の時から十七世九郎重英《しげふさ》に入門した。そして、父と弟の泉が帰郷後の一年間、師の重英宅に寄寓して稽古に励み、その後は高橋進や田中幾之助とならび、流内に重きをなしていた。松本長のツレは大抵清がつとめるほどにツレの役が好評で、清のツレを見るために能を見に来る人もあったという。その人柄は、弟子の中に出来のいい人がいると、自分だけでなく野口兼資《かねすけ》に見て貰えと紹介するという風であった。寿水といい清といい、身の処し方がまったく功利的でなく、いかにも純粋そのものである。この気質、この生き方は、そのまま三川泉に受け継がれて

〈砧〉後シテ 芦屋の某の妻の霊

いると思われる。

父の寿水は泉が5歳の昭和2年（1927）に亡くなったので、以後、兄の清が親代わりとなって泉を教えるが、泉は併行して同4年、7歳のとき九郎重英に入門する。同年に〈鞍馬天狗〉の稚児で初舞台を踏み、〈土蜘《つちぐも》〉の胡蝶《こちょう》もつとめ順調なスタートをきる。しばしば松本長・野口兼資・九郎重英の子方もつとめた。しかし、少年時代は兄の稽古が厳しかったためもあり、能があまり好きではなかったそうだ。ただし、大正モダニズムの洗礼を受けた兄は洋楽好きでもあって、グノーの「ファウスト」やヴェルディの「椿姫」などをレコードで聴いていた。泉はその方面には大いに感化され、謡よりも洋楽に魅せられていたというから、能役者の子というよりも、一般の、むしろモダンな趣味をもつ少年であったらしい。読書家でクラシック音楽とフランス映画を愛することにかけては、晩年にいたるまで変わることなく、特にモーツアルトとバッハが好き、ベートーベンやショパンは嫌いと、好みがはっきりしていた。

その泉に変化が起こったのは、野口兼資との出会い、正確には兼資の演じた能に心打たれてのことだった。昭和14年2月、泉は17歳のとき初シテに〈車僧《くるまぞう》〉を舞った。ところが同じ年の二か月後、野口兼資が同じ〈車僧〉を舞ったのを見て、衝撃を受ける。この経験はまさに画期的なものであったようで、いくつかの対談（藤城継夫、西哲生、三宅晶子などとの）で、繰り返し回想している。いわく「大きな岩が動いているようなすごいもので、舞台から目が離せない」、「気というものが体から出ていて、それが圧倒的に迫ってくる」、「びっくりしちゃって、そのへんで、何か能ってものがすごいもんだなと思った」、「あんまりすごいんで、つまりちょっとやる気が出たのか、少し大人になった」。――要するに、能について意識的、自覚的になり、意欲を持つようになった契機が、野口兼資だったのだ。

やがて兄の清は胸を病み、長い闘病のあと昭和21年11月、40歳で亡くなる。以後は、その兄の遺言もあって野口兼資に師事することになり、兼資がなくなる同28年までたっぷりと稽古を受けた。もちろん、当時、家元以外の師につくのはご法度とされていた。

野口兼資には独自の教え方があって、「軽く謡え」「力を抜け、やさしく」というのが基本で、そのほか「何もするんじゃないよ」とか「天狗物は柔らかく謡え」などの逆説的で含蓄に富んだ言葉が知られている。三川泉にも、たとえば「喉から声を出さずに腰で謡え」という名言があり、野口から受けた教えの本質に向かって、それを追究し体現することが三川泉の役者人生になった。ある時期の観世寿夫が、よく「無機的」ということを志向していた。自然主義リアリズムふうに傾斜することを避け、冷え冷えと透明な純粋さに徹しようとしたのだが、この志向の源流は、おそらく、野口兼資にある。そして兼資に学んだ三川泉の能こそは、「無機的」な能を演じたといえるだろう。

近藤乾之助、高橋章をはじめとする後輩たちの多くが三川に師事したり影響を受けたりしているので、カリスマと呼ぶ人もいる。

その謡は、いかにも宝生流らしい謡であり、それでいて宝生の他の誰とも違う個性的な謡である。喉に力が入っていない。静かに、柔らかく謡っていながら、しかし強さを感じさせる。言葉が明晰で、美しい玉の粒が密に連なっているような感じに響きわたる。だから、シテはもちろんだが、高橋進同様、地頭《じがしら》の名手でもあった。

能楽鑑賞の会では昭和56年3月に〈弱法師《よろぼし》〉を、同61年9月に〈絃上《けんじょう》〉を演じてもらった。〈弱法師〉は、暗く沈むことも花やかに狂うこともなく、地味で冷静に演じたが、「盲目の悲しさは、貴賤の人に行きあひの」など、要所のキマリには技のきれを見せた。

世評の高かった〈芭蕉〉(平成13年11月 宝生会)は見逃したが、〈芭蕉〉にかぎらず〈西行桜〉〈遊行柳《ゆぎょう》〉、〈砧《きぬた》〉〈定家〉のような、いわゆる幽玄の能は芸風にも合っていたし、定評があった。その反面、〈鉄輪《かなわ》〉とか〈玉鬘《たまかづら》〉のような、格別名曲でも大曲でもない能に、能でなければ描けないおもしろみを表現した。

〈芭蕉〉の二か月前、宝生別会で今井泰男の代役で演じた〈姨捨《うばすて》〉は見た。近藤乾三の〈姨捨〉に感じたような劇性ではなく、緻密で無色透明な、ひたすら静かな老女で、ここが至り得た境地かと思わせた。

平成28年4月10日、三川泉を偲ぶ会が帝国ホテルで行われた。実行委員長の若き家元宝生和英《かずふさ》は挨拶のなかで「三川先生」と敬称をつかい、その人柄を讃え経歴を紹介するにあたり、野口兼資に師事した挿話を屈託なくのべ、しみじみと時の流れを感じさせた。

《喜多流》

友枝喜久夫

【ともえだ・きくお】
明治41年（１９０８）9月25日・生
平成８年（１９９６）１月３日・歿

友枝家は、１０００年以上続いた、熊本の祇園社（北岡神社）に仕える、もと雅楽の家だったそうだが、中興の祖といわれる友枝大膳が喜多《きた》七太夫《しちたゆう》長能《おさよし》に師事して熊本藩お抱えの能役者となったというから、能役者としても喜多流の歴史とともに歩んできた家ということになる。

十四世喜多六平太能心が家元を相続したころ、宗家に指導者がいなかったので分家や弟子家の名手たちに教えを請うたは有名な話だが、そのお師匠番の一人に友枝三郎（天保14年・１８４３—大正６年・１９１７）がいて、友枝喜久夫はその孫である。父の友枝爲城《ためき》（明治

5年・1872—昭和35年・1960）のもと熊本で初舞台も初シテもすませたのち、18歳で上京し、六平太に入門、内弟子となり、のち喜多実にも師事した。喜多実の最初の玄人弟子と聞いている。もちろん、ほかの門弟同様、最後まで六平太の教えを受けた。というより、六平太晩年一番の愛弟子だった。「君のお祖父さんに教わったことを君にお返しする」と、六平太はいったそうだ。

昭和4年（1929）、坂元雪鳥《せっちょう》は、早くも友枝喜久夫青年の〈巻絹〉を評して、

恐ろしく几帳面な、たゞ一途に推してゆく人で、余情などはいまだ無いけれども、輪廓はすこぶる正しいものであつた。（中略）太すぎる調子が緊つて、技を研き出して行つたら、必ず良い材となるであらう。しかもそれは巨材であるかもしれない。

と書いている。若き日の喜久夫が喜多六平太の、あるいは喜多実の、教えに忠実な、楷書の芸をひたすら磨いていたこと、その基礎技法の上に後年、われわれが見る「余情」も潤いも加わったことがうかがわれ、雪鳥の予言は見事に的中した、といってよい。

私が友枝喜久夫という役者をはっきりと認識した早い例は、昭和39年の2月、大曲《おおまがり》の観世会館で見た〈さんにんのう〉という催し（金春流の本田秀男、観世流の橋岡久馬《きゅうま》との三人を同人とする会）である。喜久夫の能は〈景清《かげきよ》〉だった。終始、静かな中に力のこもったトーン

で、見るほうも思わず息を詰めずにいられないような緊張感が持続して、それがとても充実した時間の流れだった。そして、曲の最後、シテは常座で橋掛リを歩むツレを不動の姿勢で見送っていて、地謡が「これぞ親子の形見なる」と謡いきると同時に、一足詰めた、その間と呼吸、その残像が、強い印象を残した。

つぎにすぐ思い浮かぶのは同43年1月の〈猩々乱《しょうじょうみだれ》〉である。独特の足遣いで、まさに「秘術を尽す」という趣をおもしろく見た。また、同45年4月、喜多春秋会で見た〈頼政〉でもびっくりした。どこから見ても安定して揺るぎのない構えと運び。クセの戦さ語りも、終始床几《しょうぎ》から腰を浮かしたままで、しかも上体は微動だにしない。馬上での戦闘場面を強靭なリアリズムで描ききった。

その他、とくに印象に残っている曲に、〈源氏供養〉〈鸚鵡《おうむ》小町〉〈松風〉〈草紙洗《そうしあらい》〉〈花筐《はながたみ》〉〈月宮殿〉〈三輪〉〈摂待《せったい》〉〈羽衣 舞込〉〈船弁慶 真之伝〉〈卒都婆《そとば》小町〉〈杜若《かきつばた》〉〈江口〉〈檜垣《ひがき》〉などが挙げられる。

どの能も、華麗で、しかも重厚なのである。とにかく強靭な足腰と、不動の構えと運びに発する美しい型がつぎつぎに展開するので、目が離せない。気魄のこもったその表現は、いつも深く静かに内に沈潜させた想いが自然に滲み出てくるような、艶やかな質感に包ま

〈望月〉　シテ 小沢刑部友房

れていた。

たとえば、〈源氏供養〉では、「月も心せよ、石山寺の鐘の声」と鐘の音を聴く時の、心持ち、小首をかしげたような立ち姿が可憐で美しい。クセの「紅葉の賀の秋の落葉」とサシ回してヒラクところ、「忍辱の藤袴」のシカケヒラキ、何の変哲もない型なのだが、濃やかな思いからくる美しい抒情性が見る者を強く惹きつける。

〈松風〉でも、半身のような構えのたたずまいが印象的だが、ところどころの型が意表を衝く。「忘れ形見も由なしと、捨てても置かれず」と、烏帽子・長絹《ちょうけん》を大きく振り回す型、「いとま申して帰る波の」と数拍子を踏むなど、全体の中では不調和なほど派手な思いきった演技と映る。中ノ舞あと「磯馴《そな》れ松の」で松に寄り添う型なども、じつに色っぽい。また、〈草紙洗《そうしあらい》〉で、入れ筆が露見するくだり、次第に歓喜の表情を見せてゆく表現力、〈船弁慶 真之伝〉で、序ノ舞の初段オロシで扇を水平に持って拍子を踏み、扇をおろしながらもう一つ拍子を踏み、義経に向いて詰めるところ、二段オロシでやはり義経を凝視して正面へ直しながらシオるところ、姿も美しいが、見る者も万感胸に迫るような、やるせない慕情の表現に打たれる。

しかし、型もさることながら、謡の魅力はまた余人にないものがあった。若い時は、型はよいが声が弱いという見方もされていたらしいが、私などが知る1960年代から70年代にかけては、地頭《じがしら》役者としても枢要な位置を占めていた。友枝喜久夫の左右に粟谷新太郎・菊生兄弟が交じっていたりする喜多流の地謡は、他流にない独特の厚みとうねりを作っていた。シテの謡も緻密な謡い方で、技巧の粋を尽くしたという趣である。世上しばしばいわれるように喜多流の謡は武張って豪放、強いのはよいが、とかく荒くなりがちな面もあった。ところが、友枝喜久夫の謡は、美しくきめこまかい技法の謡だった。その傾向は年を加えるにつれて顕著になり、郷土熊本ふうと聞く柔らかく情感豊かな技巧を加味しているように感じられた。

残念なことに、友枝喜久夫は、目がかなり不自由であった。ただし、1970年代までは弱視という程度だったと思う。が、70歳を越えたころから症状は進行した。次第に物の見分けはつかず、光しか見えなくなった。いきおい、危険を避けるべく舞台上の動きは、慎重に小ぶりになり、それでも鍛えた足腰の強さと集中力とで、昭和59年4月の〈杜若〉、11月の〈江口〉、同62年11月の〈檜垣〉などは、破綻を見せず艶も消え失せなかった。

先輩の後藤得三は人間国宝で日本芸術院会員、師で家元の喜多実は人間国宝ではないが日本芸術院会員。その二人が現役である時代には、同流の後輩友枝にそれらの栄誉は回って来にくい。さて、その二人が亡くなってみると、もはや友枝の舞台に、往時の迫力は稀薄になっていた。

皮肉なことに、その頃になって、白洲正子らの文化人が名手友枝喜久夫の存在を初めて知ることになる。能楽評論家などと違って、エッセイ、評論、対談と発表の場は広い。友枝喜久夫は、にわかに、狭い能楽ジャーナリズムを超えた広い土俵で脚光をあびた。古くからのファンにしてみれば、それは喜ばしい。でも、なぜもっと早く気がつかないのだ、前はもっと凄かったんだぞ、との思いも禁じ難かった。

盲目同然での、寄る年波には勝てない。平成3年（1991）11月4日、得意曲〈景清〉を直面《ひためん》で演じて有終の美を飾り、能を舞い納めた。

《喜多流》

粟谷菊生

【あわや・きくお】
大正11年（1922）10月31日・生
平成18年（2006）10月11日・歿
日本芸術院会員・人間国宝

粟谷家は芸州（広島県）浅野藩抱えの能役者であったという。明治以後活躍したのは喜多六平太が舞う能の名地頭《じがしら》と謳われた粟谷益二郎である。昭和32年（1957）9月に〈烏頭《うとう》〉演能中に舞台で急逝した、その粟谷益二郎を、私は見ていない。喜多六平太能心の高弟で後藤得三より先輩、他流でいえば観世の大槻十三、宝生の近藤乾三、金春の櫻《さくら》間《ま》弓川《きゅうせん》らと同年代の役者である。明治43年（1910）6月に20歳で演じた〈葵上〉を坂元雪鳥は「落付きも凄味も型も十分で、前シテの執拗な嫉妬を或時は清艶、或時は濃媚な態度で表はした手際は鮮かであつた」と激賞している。若年にして名手だったのだ。その〈小督《こごう》〉や〈桜川〉をSPレコードで聞いたが、美声で艶のある、素晴らしい謡である。新太郎、菊生、辰三、幸雄と四人の男子に恵まれ、しかもその全員があとを継いで喜多流シテ方の役者となったのは、世襲をつねとするこの世界でもめずらしい。

栗谷菊生はその次男である。父および喜多実、喜多六平太に師事し、その間に後藤得三や友枝喜久夫からも吸収すべきものは受け取った。おそらく父譲りであろう、情緒的かつ強い芸風でシテに地頭に実力を発揮した。ドラマチックな演出力に長け、どちらかといえば二番目物、四番目物を得意としていた。巧いけれども衒《てら》いがない。「キザな言い方かもしれないが、今までは、名人として大成するのは知的で冷たい感じの人だと思われている気がするけど、僕は暖かな感じのする能をやりたいと思っているんですよ」と、私に語ったことがある。

私には次のような曲が印象に残っている。

昭和46年2月の〈班女《はんじょ》〉。謡の声がかすれ気味でザラザラした質感だったが、声量はあり、もちろん悪声でも難声でもない。情感の籠もった強い謡いぶりでいながら、丁寧に、矯めた力が自然にじわじわと出てくるようにシテ花子の感情を表現した。上品でノリのよい序ノ舞にも魅せられた。

〈伯母捨〉後シテ 老女の霊

昭和54年（1979）3月の〈満仲《まんじゅう》〉。この曲、内容的に共感を呼ばない、まずは現代に生きにくい作品に属する。にもかかわらず、ただただ演出の手順のよさと演技力のために、息もつかせぬほどの緊張感とおもしろさを感じてしまった。「弓手にあるは我が子ぞと、思ひ切りつつ親心の」と右上方をウケてから幸寿《こうじゅ》を見すえて切ると、幸寿は即座に横臥《おうが》、美女丸が立ち寄る、仲光《なかみつ》はまた空を凝視したまま後方の美女丸を制する。すべて間髪を入れぬ気合で演じられた。男舞は、二段オロシに正先《しょうさき》でじっくりと思い入れがあって後、ぐいぐいと位が進む。淀みないテンポが快い。終始、悲痛な面持ちで、その抑制のきいた直面の自然な表情が効果的だった。

昭和54年10月の〈梅枝《うめがえ》〉。亡夫追懐の情を見事に表現したが、いわゆる突っ込んだ演じ方をあらわに感じさせない。求心的な力が深味のある安定した風姿となって表れる。加速度的にノリのついてゆく楽の豊かさにも圧倒された。

昭和56年2月の〈通小町《かよい》〉。幕の内から「いや叶ふまじ」と底力のある凄惨味をおびた声で謡う、この第一声から瞬時に観る者の心をつかんだ。「尾花招かば」の招キ扇、「煩悩の犬となつて打たるると」の打合ワセ、ツレの袖に手をかけ「引かるる袖も」の数拍子と、鮮やかな型が展開する、そのことごとくが充実し、怨霊の強い執着と恋の苦悩が、惻々と胸を打った。

このほか〈頼政〉〈実盛〉、〈景清《かげきよ》〉〈安宅〉〈鉢木〉、〈隅田川〉〈三井寺〉〈藤戸〉、〈海人《あま》〉〈鉄輪《かなわ》〉などが、本人も好み、定評もあった。しかし、後年、〈湯谷《ゆや》〉〈松風〉〈羽衣〉などに艶のある見事な演技を見せ、老女物の名演にまで到った。

それは菊生が次男であることに関係がある。家の子として生まれ、次男であることは、ほとんど運命的にハンディキャップを負っている。そもそも伝統芸能は、封建制度と儒教道徳の時代に生まれ育った。なにごとも絶対的に長男優先である。長男に才能がなかったり、やる気がなかったりすれば話は別だが、菊生の兄、新太郎が資質に恵まれた名手で、謡も型も強靱な魅力の持ち主であることは、おそらく衆目の一致するところだった。栗谷菊生の前半生は、もっぱら兄を立てることにあった。そのかわり、よく口にも筆にもしていたが、「人の三倍」努力した。この道が好きだったから、謡《うたい》と型はもとより、進んで四拍子（笛・小鼓・大鼓・太鼓）を稽古し、装束付けも覚えた。栗谷家の能のマネージャーよろしく裏方のような仕事を率先してこなした。兄の新太郎は、シテ方として当然とはいえ、とりわけ能面を愛し執着し、面・装束の佳品を多く収集し、それは栗谷家の貴重な財産になっている。菊生は自家の装束や舞台は持たなかった。「弟が面・装束や舞台を持ったりしたら、お家騒動になる」というのが、その理由である。

昭和37年から粟谷兄弟能が、54年から友枝喜久夫・粟谷新太郎と三人で鼎《かなえ》の会が発足したが、自分の舞いたい曲を決めるにも、まず友枝、次に新太郎が名乗りをあげたあとに菊生の番になる。そこで本三番目物のような名曲以外の、人があまり選曲しないものというので、二番目物、四番目物、切能が多かった。それでも〈湯谷《ゆや》〉はずいぶん舞ったが、〈松風〉を初演したのは53歳。〈野宮〉に至っては初演が58歳だった。〈江口〉はついに舞い残して、自身、心残りだったという。

実力は充分にありながら、友枝喜久夫と兄新太郎には遅れをとる時代が長かったのも、運命である。ともに鼎の会を主宰していても、友枝、新太郎、そして菊生の順に評価された。それは単に形式的な序列やキャリアのためではなく、明らかに芸力の差でもあった。

しかし、その運命が大きく舵を切り換える時が来た。

平成3年3月、菊生が〈卒都婆《そとば》小町〉を披《ひら》いた年の10月、新太郎は粟谷能の会の〈半蔀《はしとみ》立花供養〉を舞って以後、脳梗塞の後遺症のため療養生活に入る。また、眼疾進行のため次第に舞台を遠ざかっていた友枝喜久夫は、同じ平成3年の11月〈景清《かげきよ》〉で舞い納めた。一方、粟谷菊生は、平成4年に〈木賊《とくさ》〉を、同6年に喜多流で180年ぶりの〈伯母捨《おばすて》〉を抜く。もはや押しも押されもせぬ存在である。平成8年1月、友枝喜久夫は88歳で逝き、その年に粟谷菊生は人間国宝に認定される。さらに平成11年、8年間病臥していた新太郎も後を追うように他界し、菊生は平成15年、日本芸術院会員にもなった。晩年は友枝昭世以下の世代をリードして、粟谷菊生の一時代を作ったといえる。

ある時期までの喜多流は、とかく型を重視するあまり、謡が下手でもあまり注意されない面があったそうだ。そのなかで菊生は、名地頭だった父益二郎の謡をいつも聞いていたから、謡への思い入れは深く、能は謡だ、もっと謡を大事にしなければいけないと思い続けていた。昭和50年ごろから、進んで地頭を買って出る機会が増えた。友枝喜久夫の〈遊行柳〉や〈檜垣《ひがき》〉、新太郎の〈芭蕉〉などの名演は菊生の地頭を得てのことだった。平成に入ってからは、五流随一の名地頭となった。また、一調を経験している回数が五流の中でいちばん多いのではないだろうかと、自負していた。

粟谷菊生は、だれも知る座談の名手でユーモリストだった。宴席やパーティのスピーチはもとより、日常会話でも話術が巧みで、ジョークと警句を惜しみなく機関銃のように連発する。だから流儀や役籍を超えて多くの人に愛された。冗談に「ロビー外交」と自称していたが、能会の当日も手が空くとロビーに現れ、観客のだれかれと談笑することを好んだ。「愛嬌者、剽軽者」を自認もしていて、生まれながら社交性に富んでいたのだろう。ただし、いわゆる人に調子を合わせる体の社交家ではなかった。根は生まじめで、正義感と濃やかな心遣い、能を愛するがゆえの鋭い批判精神の持ち主であることは、言葉のはしばしから感じられた。

平成16年10月の〈景清〉が最後の能となり、18年10月3日ラジオでの番囃子〈頼政〉が最後の謡となって、8日後に急逝した。享年83歳。その衣鉢は、能夫《よしお》（新太郎の長男）と明生《あきお》（菊生の長男）とが、見事な連係プレイで、継いでいる。

《観世流》

観世寿夫

【かんぜ・ひさお】
大正14年（1925）11月12日・生
昭和53年（1978）12月7日・歿

能を茶の湯や生け花のような遊芸と同列に扱うなら話は別だが、そうではなく、歌舞伎や現代の演劇・音楽とならぶ舞台芸術と認識し鑑賞するならば、1940年代後半から70年代後半、いわゆる戦後の時代にあって、観世寿夫のいない能楽界というものは考えられないだろう。観世寿夫以前に寿夫のような能役者はいなかったし、観世寿夫以後に寿夫の影響を受けなかった、あるいは寿夫を意識しなかった能役者はいないだろう。それくらい近現代の能楽界での観世寿夫は、独自の屹立《きつりつ》した存在だった。

七世観世銕之丞《てつのじょう》（雅雪《がせつ》）の長男として生まれ、祖父（実は伯父）の観世華雪《かせつ》の薫陶を受け、

4歳の初舞台から19歳〈道成寺〉の披《ひら》きまで、着々と大道を歩んだ。昭和10年（1935）3月の銕仙会で10歳の寿夫が舞った〈吉野天人〉を、坂元雪鳥は「謡もハキハキとやるし、運歩もただ歩き回るので無く、ジックリと作物を見る態度など子供と思はれない意気込であつた」と評した。同23年、当時「清寿」と名のっていた寿夫を評して武智《たけち》鉄二[註1]は「観世清寿を始めて観た時、これで観世流は救われたと思った」と書いた。

20歳で敗戦を迎えたのちは、いち早く父や祖父がシテを舞う能の地頭《じがしら》を次々とつとめたり、能楽青年会や能楽賞の会などに入賞したり、めきめきと頭角を現す。

そして、桑木厳翼・安倍能成・野上豊一郎・能勢朝次などが講師をつとめる「能学塾」に学び、「伝統芸術の会」「能楽ルネッサンスの会」「世阿弥伝書研究会」に積極的に参加し、昭和28年、弟の榮夫《ひでお》・静夫（八世銕之亟）とともに華の会を結成する。

■

観世寿夫はどういう能役者であったか、何がどうすぐれていたかということを、つぎの三つに分けて考えてみたい。

第一に、何といっても演技者として、つねに高水準の舞台成果をあげたことである。謡《うたい》も型も独自の主張と高度の技巧に支えられ、強く美しい。それも、いわゆる謡どころ、型

〈野宮〉後シテ 六条御息所の霊

どころに意を注ぐ鑑賞法を拒むかのように、一曲全体を統一的な視点でつらぬく姿勢が、彼の他の能楽師と違うところだった。とくに謡の魅力は圧倒的で、豊かな声量と、やや金属的で艶やかな美声の持ち主だが、機に応じて、野太く剛快な声、晦渋《かいじゅう》で渋い声も、自由自在であった。いいかえれば、透明で鋼鉄のように冷たい感触と、外へ発散する写実的な志向とが共存する。

技法的には、詞章の持つリアリティーを謡の様式の中でどう生かしていくかを追求し続けた。たとえば謡本に記されているコトバのヒラキの位置など、もともと決まっていない、どこでヒラいてもよいのだ、今のように決まったのは最近のことで、素人への稽古のためだといい、たとえば小段の「サシ」のような朗唱的なところは単にうたってしまうのでなく、しゃべる、語る技法を生かしていく必要があると思う、という。謡だけではない。たとえば面についても、三番目物のシテは、観世流は若女で、小面はツレにしか使わないなんて、そんなこと決まってないんだよ、というのが口癖のような主張だった。

昭和30年（1955）6月の〈通小町《かよい》〉を見た堂本正樹の能評は、注目に値する。

謡い出すとオヤと思った。常の寿夫の声で無い。大きく固く押えて音と音とが切れている。しかし、発音も文章も明瞭、近藤乾三に似て更に鋭さのある謡だ。いかにも地の底からのうめき声、恋に使い果たした精力を振りしぼる如き声。後年、宝生流みたいだと評されるに至る、持ち前の美声をひとまず否定して、抑えた晦渋な謡を得意としたのは、そのころに発するのかもしれない。

謡の実力は、シテはもとよりだが、地頭になった時、遺憾なく発揮された。日ごろから「文楽などを見て、語るとはどういうことか、考えなさい」と若い役者たちにいっていたそうだが、脚本の読みと有機的にかかわりながら、叙事的にも抒情的にも変幻自在の技巧の冴えは、地謡を、シテを、囃子方を、そして観客をもぐいぐいとリードしてしまうのだった。語り物たる能の演劇性が、沁みわたるように伝わってきたものである。

第二に、能に対する知的なアプローチと世阿弥への傾倒ということが挙げられる。能学塾、世阿弥伝書研究会に参加していたのは前述のとおりだが、また、同49年に東京文理科大学で開講した能勢朝次の世阿弥能楽論も聴講していた。『至花道』や『花鏡《かきょう》』の演習では、しばしば難しい質問を発し発表者を困らせた、と表章は回想している。そして、亡きあと編まれた著作集全四巻の第一巻は『世阿弥の世界』と名づけられるほど、世阿弥の芸論や作品についての著述が少なからず生まれた。それは他の能楽師のよくなし得るところではないが、寿夫は決して筆の立つに任せて器用に学者もどきの文章を書いたのではない。

役者として、自身が世阿弥の論を咀嚼《そしゃく》し肉体化するために読み込み、誠実に思弁した跡がうかがわれる。

戦後の能楽界では、演者、観客ともに、能といえば世阿弥系の複式夢幻能と幽玄の美を重んじるのが一般的になった。その価値観は、能楽ファンの通念にまでなっている。これには、しかし、観世寿夫が志し、成果をあげた演目がそういうところにあったことの影響が作用している。〈井筒〉〈野宮《ののみや》〉〈江口〉〈定家《ていか》〉〈芭蕉〉などのように内的な緊密度、凝縮度の高い演目を、誰もが能の代表のように考えるようになったのは戦後のことである。それは、これらを愛し大切に演じた観世寿夫の功績でもある。そのほか、寿夫の能で強い印象を残している曲に、〈朝長《ともなが》〉〈実盛《さねもり》〉〈砧《きぬた》〉〈木賊《とくさ》〉〈融《とおる》〉〈葵上〉〈求塚《もとめづか》〉などがあり、一方では〈野守《のもり》〉〈鵺《ぬえ》〉のような砕動風《さいどうふう》の鬼も得意とした。総じて、直面の能、観世小次郎信光系統の風流能は嫌いだったから、たとえば〈安宅《あたか》〉などは一度も演じていないし、テレビで〈紅葉狩〉を演じているが、それはメディアによる能の宣伝普及ゆえに断りきれなかったからだろう。

第三に、能を現代に生かすための努力、多くの新しい試みを果たしたこと。そもそも、一貫して武家式楽、家元制度、懐古趣味をよしとしなかった。だから、伝統は尊重したが因襲は否定した。演目の一曲一曲を読み直し、演出を考え、新しい工夫を施し、あるいは古い型付を再現した。

たとえば〈自然居士《じねんこじ》〉のシテが冒頭「総神分に般若心経」のあとに、世阿弥『五音』にある「それ一代の教法は云々」の説法を謡う、あるいは〈昭君《しょうくん》〉の前シテ白桃は中入りせずツレとともに舞台に居残り、後場《のちば》は別役の韓邪将が登場する、これらの古態復元演出は、いま観世流ではたびたび試演されているが、もと前者は昭和39年11月、後者は同46年4月の銕仙会《てっせんかい》で、寿夫が初演したものである。また、たとえば〈野宮〉の後シテが破ノ舞の中で鳥居に寄り、左足を中に入れてから、思い直したように退がった。ふつうは「出で入る姿は、生死の道を」でする型だが、おそらくその当て振り的な風情を避けて、舞事を劇的にとらえ直したのである。この種の工夫を、寿夫は随時行った。

新作能を演じたのは意外に少なく、武智鉄二構成・演出の〈智恵子抄〉(昭和32年・1957)と、横道萬里雄作〈鷹姫〉(昭和42年・1967)の二篇に留まるが、〈智恵子抄〉の謡——高村光太郎の口語自由詩が美しく自然な韻律となって響く——などを聴くと、節付けの見事さは驚くばかりである。

寿夫が関わった新しい試みの中でいちばん多いのは、現代音楽、現代演劇との共演、交流である。前半生は音楽・舞踊、後半生は演劇の仕事が目立つ。昭和30年（1955）、シェーンベルクの曲を武智鉄二が演出した〈月に憑かれたピエロ〉（野村万作と共演）に出演したのを初めに、同34年以降は福島和夫・武満徹・湯浅譲二・一柳慧・岩城宏之らの作品に、謡、舞、時に大鼓の演奏で出演し、前衛的な仕事に参画した。

昭和45年、有志の能楽師と新劇人で〈冥の会〉を結成し、ギリシア悲劇〈オイディプース〉やサミュエル・ベケット〈ゴドーを待ちながら〉、泉鏡花〈天守物語〉などに、同49年には鈴木忠志演出の〈トロイアの女〉、同53年には同じく鈴木演出で〈バッコスの信女〉に主演した。

■

観世寿夫のこうした活動に対しては、誰もが声援を送ったわけではない。観世宗家の分家という恵まれた立場だから勝手なことができるのさという類の批判もあった。しかし、思うに、旧套《きゅうとう》を墨守するのと、有利な立場を生かしてでもできることは実行するのと、どちらが芸術家として選ぶべき道であるか。率先して道を敷く、先鞭をつけるのは、それができる立場にある者の、せめてもの取るべき道であっただろう。新作能はもとより、現行曲の演出見直し、番外曲の復曲、他ジャンルとの交流、いずれも現今は何の制約もなく、盛んに行われ、受け容れられている。実に、このすべては、観世寿夫が敷いたレールの上の仕事なのである。

■ ■ ■

[註1] 武智鉄二　大正元年（1912）—昭和63年（1988）。演劇評論家・演出家。私財を投じて第二次大戦末期から戦後の混乱期に能楽界や文楽界など古典芸能を支援し、「武智歌舞伎」といわれるような新しい古典芸能のスタイルを打ち出した。

《観世流》

八世 観世銕之亟（静雪）

【かんぜ・てつのじょう（じょうせつ）】
昭和6年（1931）1月6日・生
平成12年（2000）7月3日・歿
人間国宝

本名、静夫。七世観世銕之丞雅雪の四男である。長兄の寿夫《ひさお》とは6歳の隔たりがあるので、少年時代は師弟といってもよい関係だったらしい。が、三兄幸夫は幼少期に早世し、次兄榮夫《ひでお》は能を離れていた時期が長いので、能役者としては、何かにつけて「寿夫さん」に「静夫さん」と、一対の存在のように親しまれた。本稿でも、昭和55年（1980）に八世銕之亟を襲名する以前、ことに寿夫生前の話題については、「静夫」の名で論ずることになる。そのように、観世銕之亟静夫を語るには、兄の寿夫の存在ぬきには考えられない。

しかし、寿夫と静夫の関係は、兄と弟が、追いつき追いこすといった技の競い合いを見せるとか、対照的な生き方や持ち味によって調和を保っているとかいうのとはちょっと違う。寿夫と静夫とのあいだには、強靱で有機的な連帯と協調があって、しかもファミリー臭を感じさせない。古風ないいかたをすれば、同志であり戦友である。

銕仙会《てっせんかい》は、その名のとおり観世銕之丞家の月例公演で、一門の発表の場ではあるが、戦後いち早く、学生層や演劇人や音楽家など素人弟子以外の新しい観客層を獲得するなど、一種の演劇集団としても機能していた。それに加えて、榮夫との三兄弟の会として始まりのちに三役の有志も同人に迎えた華の会、武智《たけち》鉄二演出の『近代能楽集』の〈綾の鼓〉、花友会の〈智恵子抄〉など一連の実験的な演劇、新劇人との連携でギリシア劇や前衛劇を演じた冥《めい》の会など、いずれも、古くからの「能楽師」の仕事の範囲を超えた役者ごころの発現といえ、このほとんどに寿夫と静夫はともに携わってきた。華の会は、今でこそ珍しくないが、能楽界では初めて流儀と役籍を超えた同人組織の会であった。

観世寿夫が世阿弥の夢幻能を重んじ、その方向での名手として定評があったことはすでにのべた。寿夫に師事し随伴した静夫もまた、世阿弥ないし金春禅竹《こんぱるぜんちく》の夢幻能のシテは当然、得意曲だった。事実、銕之亟襲名以後にかぎっても、昭和54年（1979）の〈野宮〉、同56年の〈井筒〉、60年の〈檜垣《ひがき》〉、平成2年（1990）の〈姨捨《おばすて》〉、翌3年の〈定家《ていか》〉などの夢幻能に、高い芸格が結晶していた。

一方、そういう幽玄の曲とは対極にあるような能にも、静夫時代からすぐれた演技を見せた。忘れられないのは、昭和54年10月の〈谷行《たにこう》〉（シテは景英《かげふさ》時代の梅若玄祥）の伎楽鬼神である。少年救出の場面、「谷行に飛び翔つて、上に覆へる土木盤石、押し倒し取り払つて」と、一畳台に上がり、作り物の立木を斧で伐り払うや、真後ろへ勢いよく投げ飛ばした。その激しい、胸のすくような型には驚いたし、前にも後にも能舞台であのように大胆で鮮烈な演技を目にしたことはない。

また、たとえば〈一角仙人〉〈善知鳥《うとう》〉〈大江山〉〈通小町《かよい》〉などに不気味な静けさ、暗く重い情念をただよわせ、確かな劇性を貫いた。それに〈養老　水波之伝〉の切れ味とスピード感、〈安宅《あたか》〉のスリリングな質感と力感、——そういうものがいかにも似合う役者だったのだ。そういえば番外曲の復曲でも、法政大学能楽研究所主催の世阿弥本〈雲林院《うんりんいん》〉（後場が現行の内容とはまったく異なり、藤原基経の霊が鬼と化して妹、二条后を業平から奪還する）、国立能楽堂研究公演の〈当願暮頭《とうがんぼとう》〉（法会の場にいながら狩猟に心惹かれ生きながら蛇体に変身する）、能劇の座の〈松山天狗〉（崇徳院《すとくいん》の憤怒と復讐の念を強調する）といった、強いタッチの執心物で本領を発揮した。

〈定家〉後シテ 式子内親王の霊

能以外の演劇にも演技の冴えを見せた。冥の会では〈オイディプス〉や〈メデア〉でコロスの長、〈ゴドーを待ちながら〉のポッツオ、〈天守物語〉の富姫を演じた。富姫は女方という特殊な役柄だから別としても、〈ゴドー……〉のポッツオでは、能役者が演じているとは思われぬほどの、軽妙でリアルな芝居を演じていたのに驚いた。と同時に、そこに静夫の能の舞台に秘められた一つの謎を見るような気がした。

昭和54年、川本喜八郎監督の「火宅」は、能〈求塚〉にもとづく人形アニメだが、このナレーションを語った銕之亟の口跡はじつに見事だった。

■

古典の能に話をもどす。

銕之亟は、観世流独特のメロディカルで流麗な謡いぶりに警戒的で、「語る」という技法を意識的に志していた。私たちは幾多の寿夫の能に魅せられた。しかし、その地謡はいつも静夫が謡っていたことを忘れてはならない。静夫の地頭を得て寿夫の能は輝いたのである。もちろん、逆もまた然り。静夫の能には必ず寿夫が地頭をつとめた。能の魅力と、一曲の能の成否を地謡が担っていることは、いくら強調してもしたりない。

寿夫は天与の美声であった。やや金属的で、甘美で華麗な、ブリリアントな声質に、鋼鉄のような強さを加え、地底から響くような強く渋い、重厚な謡《うたい》を謡った。

これに対して、静夫には寿夫の声量と美声はないが、柔らかく静かな声質の中にしなやかな強さがあった。いいかえれば、柔と剛、冷静と昂揚、優しさと厳しさを兼ね備えた謡であった。その技法を支えていたのは、呼吸の深さ、息遣いの確かさであったように思う。この芸力には銕之亟を襲名して以後、ますます磨きがかかった。八世銕之亟は、能を語りのドラマと捉えて、抒情的に流されずに、叙事的な強さの方向に引っ張ってゆく演出力にかけて、53歳の若さで逝った寿夫を超える境地に達していたと思う。

それにしても、昭和55年、銕之亟を襲名してからというもの、多忙をきわめた感がある。当然、銕仙会の統率者としての責任をはたしていかなければならない。父の銕之丞雅雪を頭にいただいた上で、寿夫とタッグマッチで若い情熱を傾けていた時代とは違う立場になった。同58年に開設された国立能楽堂の公演では、観世流二十五世家元観世左近元正との共演がたびたび実現したし、左近歿後は、若い家元清和に年一回銕仙会例会でシテを舞わせるなど、懐の深いところも見せた。そして、観世流の各派・各家から信頼を寄せられるのに応えて、文字通り東奔西走、精力的にシテや地頭をつとめていた。舞台はもちろん、しばしば芸術論、芸談も熱をこめて意欲的に語っていて、たいへんエネルギッシュだと感じさせたが、あの多忙さは命を縮める結果にもなったのではないだろうか。

平成7年（1995）、人間国宝になる。その認定理由は「これまで各種の曲に好演を見せてきたが、緻密な芸と高い芸格の演能により平成四年芸術選奨文部大臣賞を受賞するなど高い評価を得ており、代表的なシテ方となっている。また復曲、改作上演、海外公演などにも幅広い活動を続けて成果を挙げ、日本芸術院賞も受賞している。さらに後進の指導育成にも積極的に尽力している」というものである。

この文中に「復曲、改作上演」という文言がある。先に受賞した芸術選奨の受賞理由にも〈鷺〉〈定家〉とともに復曲〈当願暮頭〉の舞台成果が挙げられていた。こうした評価は一部に、新作や復曲に携わらなければ認められないのか、というたぐいの誤解も生んだ。たしかに新作や復曲は銕之亟の活動の重要部分を占めたけれども、それは能楽師といえども現代の演劇人であるとの、役者ごころの必然的になせるわざであった。しかし、新作や復曲に携わったから栄誉に浴したわけではない。銕之亟の功績は、あくまでも、華雪、雅雪、寿夫、他流の名人上手の芸を学び、稽古を重ね、能本を演劇の台本として読み込み、古典の能を現代に生かしたことにあったのである。

《観世流》

片山幽雪

【かたやま・ゆうせつ　九世片山九郎右衛門】
昭和5年（1930）8月26日・生
平成27年（2015）1月13日・歿
文化功労者・日本芸術院会員・人間国宝

片山幽雪は、昭和5年（1930）、父・博通（八世九郎右衛門）と母・愛子（京舞の四世井上八千代）の長男・博太郎として生まれた。次弟は片山慶次郎、末弟は杉浦義朗友雪の養子になった元三郎。幼い時から家族全員が芸の道を歩んでいたのだが、幽雪の長男清司は十世九郎右衛門を継ぎ、長女三千子《みちこ》（現、五世井上八千代）は九世観世銕之丞に嫁ぎ、その長男・長女も能・京舞の後継者になっているから、どこまでいっても芸術一家である。

幽雪というのは晩年の隠居名で、その前は九郎右衛門だった。しかし昭和の能役者として語るとすれば、私たちにとっては片山博太郎の名がなじみ深い。昭和38年、博太郎33歳の時に父の博通が急逝した。博太郎は長男だから、自然、片山家の当主となった。のみならず、父が担ってきた京都観世会会長と京都能楽会理事長という重責まで継ぐことになった。京都の観世流は東京につぐ大所帯で、旧家、名手が控えている。博太郎にとっては多くの先輩たちもいた。さらに、京都能楽会となると、金剛流宗家一門、狂言の茂山家をも擁する能楽界の一大勢力である。それらのトップに、30歳代の片山博太郎が立った。とりもなおさず、それは片山家と博通・博太郎が、京都能楽界でそれだけの責任と信望を集めていたからであった。京都観世会と片山定期能を中心に、弟たちとの勉強会「離見会」という場も踏みながら、博太郎は着実に力を伸長させていった。

私が片山博太郎の能を意識して見た初めは、昭和40年代初期の銕仙会《てっせんかい》での〈鵺《ぬえ》〉だったが、引き込まれて見てよく覚えているのは昭和45年3月の〈邯鄲《かんたん》〉である。特に、楽の舞がよかった。よくいわれる一畳台の空間を広々と見せる式のスケールには欠けるが、終始ノリよく悠然と舞って王者の貫禄を豊かに表現して楽しかったし、橋掛リ二ノ松へ行って面をつかう型も風情があった。謡も「東に三十余丈」と重みを含んでドッシリと謡い、「盧《ろ》生《せい》は夢さめて」と低くシットリ謡うという具合に規格正しい。ただ、総じて上品だがおっとりとしていて、当時、銕仙会周辺でよく唱えられていた「訴えかけ」の強さという点に

〈野宮〉後シテ 六条御息所の霊

ついてはもの足りなさを感じたのも事実である。

しかし、何回も舞台を見るにつれて、感銘の度合いを増してきた。いつも感じたのは、面・装束の選択からはじめて、一つ一つの型の扱いに至るまで、作品の読みを踏まえて、周到かつ丁寧に舞台をつくる演出力である。神経が緻密に行き届いた能といってもよい。時に50歳である。

昭和55年9月、片山博太郎後援会能と銘打って、東京で第一回自主公演を開いた。時に上方《かみがた》では頂点を極めていたが、東京の観客やジャーナリズムに、より広くアピールしたいとの思いがあった。その時の〈砧《きぬた》〉は、松濤《しょうとう》の観世能楽堂の舞台にも見所《けんしょ》にも、独特の熱気と緊張感が張りつめていた。シテは、この曲の描く恋慕、怨念、執心をじっくりと濃密に謡い、確実な演出力の中に豊かな情感をたたえた。

〈卒都婆《そとば》小町〉を、同57年に演じたのと平成に入って比較的晩年のころとを見た。どちらも、強く明快な謡を聞かせ、美しい扇づかいを見せ、残《のこ》んの色香を漂わせた老女物ではあったが、前者は丁寧に緻密に演ずるあまり、その雰囲気がまるで夢幻能かと思わせた。それでは観阿弥作の現在能の劇能ではない。しかし後者では、夢幻的なベールが取り払われ、憑依《ひょうい》と狂乱の老女が現れ、「声変りけしからず」など、的確に現在能の質感を取り戻していた。

昭和59年10月の片山博太郎東京公演では〈三輪白式神神楽〉。今は観世流の誰もが演ずるが、もとは片山家のお家芸である。白ずくめの装束の端正な姿、後シテの荘厳な中のリズム感がよく神話の世界を表現した。綺麗すぎるという声も高かったが、「緻密な演技」「小書の持つ格調と味わいのある舞台づくりに成果を示した」という芸術祭優秀賞の受賞理由は、シテの意図をよく汲んでいる。

昭和50年代には〈姨捨《おばすて》〉も〈鸚鵡《おうむ》小町〉も披《ひら》き、東京での自主公演も安定した波に乗り、観世寿夫記念法政大学能楽賞、二度の芸術祭優秀賞などの栄に浴し、不動の評価を得るようになった50歳代半ばまで、本名の博太郎を芸名としていた。代々の家名である九郎右衛門を九世として襲名したのは、昭和も終わりに近づいた60年のことだった。

さて、その後がまためざましい活躍を見せる。〈姨捨〉を6回、〈檜垣〉を2回、〈関寺小町〉を3回演じた。これは破格のことである。しかし、それは、重習《おもならい》だから、三老女だから披くということに満足するのではなくて、作品として個々の曲とそのシテをどう表現するかを追究する、役者ごころの顕現である。「結局、どこの某でもない人物がシテの〈姨捨〉がいちばん難しいのではないかと思い始めてます」(「観世」平成26年11月号「親子対談」)と語る、その言葉には、叶うことなら〈姨捨〉はもう一遍舞いたいという意欲すら感じられる。

また、梅若六郎玄祥や大槻文蔵に負けずに、新作能や廃曲の復曲にも挑んだ。能楽協会理事長の激務を15年間もつとめた。日本芸術院会員、人間国宝になり、平成21年には文化功労者にまでなった。能楽界では喜多六平太（昭和28年）、近藤乾三（昭和60年）以来、三人目の顕彰だった。

そして、平成22年、観世宗家から永年の功績により「老分」の称を贈られ、雪号を許され幽雪を名のるに至った。「老分」とは耳慣れず、茶道の世界では経済力のある者がなるという。幽雪の場合は、「芸事総監督」として流儀のお目付役になって頂きたいという、家元、観世清和の気持の表れであった。

■

もともと片山家は、観世流の京都探題とか京都所司代などと呼ばれ、享保年間から300年続いた家柄で、代々の当主が関西観世流の総支配人的な立場にあった。

初世金剛巌《いわお》の項でも触れたが、六世九郎右衛門の片山晋三は金剛謹之輔《きんのすけ》と京都能界を二分する存在だったが、七世以後はとりわけ、東京の観世宗家および銕之丞《てつのじょう》家との繋がりが深くなった。というのは、博太郎兄弟の祖父である七世九郎右衛門は、男子に恵まれなかった片山晋三の長女光子の女婿として、観世宗家から入籍した人だった。実父は二十二世観世清孝、実兄は二十三世清廉《きよかど》である。片山光子との間に長男清久、次男博通（幼名、寿雄）と二人の男子を儲けたが、長男の清久が今度はまた伯父、清廉の養子になった。すなわち二十四世左近元滋《さこんもとしげ》である。のちに七世九郎右衛門は観世元義《もとよし》となって観世家へ復帰した。が、とにかく、片山家は、観世宗家から養子を迎え、次代には観世宗家に養子を送り込んだわけで、片山家八世の九郎右衛門博通は二十四世宗家の実弟、博太郎たち兄弟は二十五世宗家の従兄弟ということになる。

　博太郎は、もちろん父の稽古を受けて育ったが、19歳（昭和24年）からは毎月上京して観世華雪《かせつ》に師事している。華雪亡きあとは雅雪《がせつ》・寿夫《ひさお》にも師事してきた。そして戦後は銕仙会同人でもあった。寿夫・静夫（八世銕之亟）との交流は、その後の博太郎の活動に大きな影響を及ぼしている。二人の弟と勉強会〈離見会〉を始めたのは同29年で、この会には毎回観世雅雪・寿夫・静夫も来演した。

　戦後の片山家、博通・八千代夫婦のもとへは、観世寿夫・榮夫・静夫たちが集い、ともに稽古をし、能の話に花を咲かせていた。だいたい、博通という人が、その立場にもかかわらず権威主義的ではなく、文人気質のリベラル派であった。他ジャンルの芸術家とも深く交際し、著書も多く、新作能（〈世阿望憶《ぜあぼうおく》〉など）はもとより新作狂言（〈二人女房〉〈契りの袋〉など）も書いた。武智《たけち》鉄二演出「能様式による〈夕鶴〉」（昭和29年）の作曲に協力したのは博通で、つうに扮したのは博太郎だった。同じく武智演出〈智恵子抄〉（同32年）にも、主演は観世寿夫だが、慶次郎は寿夫の相手役、博太郎は地謡で出演している。

博太郎から九郎右衛門になって後は、前述のように三老女をくり返し上演する合間に、それとは別方向に、研究者との提携のもとに番外曲の復曲をさかんに演じた。天野文雄との〈長柄《ながら》の橋〉、味方健との〈改訂本 高野物狂〉、西野春雄との〈阿古屋松〉がそれだが、加えて、かつて梅若玄祥や八世銕之亟が初演した〈大般若〉〈渇水竜女《かすいりゅうにょ》〉〈松山天狗〉〈護法〉などを自分なりに再演することを試みている。門下の青木道喜が書いた〈蓮如〉という新作能も取り上げた。

京都観世会会長として、また家元や銕之丞家の輔佐役としては、守るべきものを守り、伝えるべきものを伝える、守旧派的な立場にあった。一方、かつて十七世宝生九郎重英《しげふさ》や喜多実が目を光らせていた東京の家元体制とは違う自由な京都の風土で育ち、観世寿夫・静夫たちと志を同じうする、一人の進取的、創造的な役者であった。片山幽雪の前には、この二元の道が、もともと開けていたのである。

ワキ方

宝生流
福王流
高安流

《宝生流》

宝生新

【ほうしょう・しん】
明治3年（1870）10月23日・生
昭和19年（1944）6月10日・歿
日本芸術院会員

昭和47年（1972）11月30日のことである。その日、有楽町の旧朝日講堂で、法政大学能楽研究所の20周年を記念する〈能の講演と映画の夕べ〉という催しがあった。中村哲総長のあいさつに続き、元総長で名誉教授の谷川徹三［註1］が登壇した。私もその著述の一、二に触れたことはある、高名な哲学者である。「能の美しさ」という、その講演の中の一言に私は驚いた。自身の長い観能歴を語りながら、何と「わたくしが戦後、能を見なくなったのは、宝生新がいないからであります」といったのである。美髯《びぜん》をたくわえた谷川は当時77歳、宝生新が他界してからすでに28年を閲していた。老人にお定まりの懐古趣味もよいが、そこまでいうか、と33歳の私は軽微な反感を覚えた。

ところが、そのあとに上映された映画〈葵上〉を見て、ふたたび驚いた。昭和10年に野上豊一郎監修のもとに鉄道省観光局が製作したこの映画は、シテ櫻間金太郎（弓川《きゅうせん》）の〈葵上〉を30分ほどに編集したもので、囃子も間《あい》狂言も名人揃いの、感動的で貴重な映像だが、私が驚いたのは初めて見るワキの宝生新であった。謡や型の細部まで感じ取れないものの、短時間の映像を見ても、輪郭の大きい、骨格の太い芸が、豊かな色気を感じさせる。こんな素敵なワキは見たことがない。これなら谷川センセイの言葉も、むべなるかなと思い直したのだった。

■

ワキ方にはその昔、高安《たかやす》・福王《ふくおう》・宝生《ほうしょう》・進藤《しんどう》・春藤《しゅんどう》の五流があったが、このうち進藤流は明治時代初期に、春藤流は大正年間に芸系が絶えたので、残る三流が鼎立して今日に及んでいる。ワキ方宝生流を略して脇宝生《わきぼうしょう》という。これはわかりやすい。が、別に下掛《しもがか》り宝生流、略して下宝生《しもほうしょう》とか下宝《しもほう》ともいう。なぜかというと、旧幕時代この流儀は宝生座付きだったが、もとを遡ると金春《こんぱる》座付きワキ方の春藤流から分かれて、元禄期にできた流儀だった。金春流は下掛りだから、シテ方の上掛り宝生流と区別しての名称である。そういうわけで、ワキ方のなかではもっとも新しく成立したのだが、すでに江戸後期にはもっとも勢力が強く、明治以後は圧倒的に優勢となった。それは春藤流・進藤流が廃絶したためもあるが、それだけでなく、幕末から明治にかけて八世宝生新朔《しんさく》（天保7年・1836―明治31年・1898）、続いて、その弟で養嗣子《ようしし》の九世宝生金五郎（天保12年・1841―明治38年・1905）と、名人が二代続いたからである。そして、その二人から薫陶を受けた十世宝生新がまた、負けず劣らずの名人となった。宝生新の実力と人気、その感化と影響が、その後の下宝生の評価を決定的なものにした。

端的には、昭和12年（1937）、帝国芸術院（現、日本芸術院）創設の年に、梅若万三郎と二人が会員に推挙されたのを以てしても、その文化芸術界に占める位置がわかる。

宝生新は、明治3年（1870）に九世宝生金五郎の長男として生まれた。本名は朝《とも》太郎。同8年、5歳のとき〈猩々《しょうじょう》〉のワキで初舞台を踏む。シテは2歳年長の梅若万三郎だったというから、後年、御神酒徳利と呼ばれるほど密な共演関係は運命的だったわけだ。

父・金五郎と祖父（実は父の兄だから伯父）新朔と両方から稽古を受けたが、この二人は性格も芸風もまた教え方も対蹠的だったらしい。

金五郎は厳格な性格で、芸風は秋霜烈日などと形容され、きびきびしていた。教え方も

〈羽衣〉ワキ 漁師白竜

猛烈に厳しく、朝飯をとる前に無本で謡の稽古、学校から帰ると立ち方の稽古、夕飯後にその復習。友達との行き来は禁じられ、稽古中一つつまずくと、飯を食わせてもらえない。細かい節を一々やかましく教え、それができないと何度謡っても「いけない」「いけない」の一点張りで、殴る蹴るはなかったが、しばしば霜焼けで腫れた手を張り扇で打たれた。「羽衣」の長絹を持って謡う稽古では、長絹の代わりにどてらを何枚も持たされ、重くなって手がだんだん下ってくると、叱られてやり直し。あまりにも厳しい稽古ぶりに、新朔や後援者の華族たちが忠告しても頑として聞き入れず、かえってますます過酷な稽古をするというふうであった。

新朔は、当時、シテ、ワキを通じて抜群の名人と評判された。十六世宝生九郎知栄《ともはる》の〈鸚《おう》鵡《む》小町〉のワキをつとめた時に、さすがの九郎も見劣りがしたという。新への教え方はたいそう優しく、細かいことにはこだわらず、謡は上手ぶった謡い方をしてはいけない、大きく素直に謡えといわれた。文句が覚えられないときなどは仮名で書いて見せてくれた。よく散歩につれて行き、可愛がりながらも、自分から覚えさせるといういき方で、何回でも根気よく教えてくれたので、新は父以上になついて勉強した。

順調なスタートを切ったが、新の心に迷いが生じた。当時、従弟の医学生が同居していた。能楽復興期の不安定な時代である。能の将来に疑問を感じているところへ、稽古三昧の自分に比べ、毎日学校へ通う従弟を羨ましく思い、自分も医者になろうと考えた。そして明治18年、15歳の時から約10年間、能界を離れた。まず共立学校、ついで東洋英和学校で語学を学び、それも卒業した形跡はなく、医学にも進まず、会社（鉄道車輌製造）や役所（統計局）につとめたりした。

この10年間について、『宝生新自伝』（昭和24年　能楽書林）を読むと、「勘当されてゐたものではなく、能界以外に身を立てる目的で学業を志してゐた」とあるものの、学生時代のいたずらや遊び半分の気ままなつとめ人ぶりをおもしろおかしく語るばかりで、具体的にどのように身を立てていたのか、わからない。装束を持ち出して質に入れた話も出てくる。わずかに「医者になるという訳で、心掛けたのは多分婦人科くらゐでせう。大変な医者ですね」とあるのが暗示的である。これが、たとえば『万三郎芸談』の「宝生新さんを偲んで」になると「若い時分はなか〳〵の美男子で、そのために随分御道楽がございましたから御両親が大変御心配のやうで御座いました」とあって、だいぶ明らかになり、さらに身も蓋もなくいえば「本当は勘当されていた」、「柳橋の芸者の世話になって食わしてもらっていたらしい」（土屋恵一郎『幻視の座　能楽師宝生閑聞き書き』）というあたりが、真相のようである。

家族や周囲の勧めに従い、放逸な生活を精算して能に復帰したのは明治29年である。『自伝』にも「親父の方も、今詫びさへすればかなへるといふ事になつて戻つて来たのです」とある。芸名を朝太郎から「新」に改めたのはこの時からである。そして、父・金五郎が六十四歳で亡くなる明治38年まで、『自伝』によれば「どんな些細な事でも耳に留め」、「親父の謡は心掛けて聴漏すまいとし、能の手は一挙一動悉く眼にし耳にし、頭に入れなど」して、いわば、10年間のブランクを十年間かけて埋め直した。

おそらくそれを、新規蒔き直しというのは当たらない。10代から20代までの大切な10年間もの遅れを取り戻すことができたのは、もちろん新自身の天才的能力によるのだろうが、過去に父から受けた過酷なまでの厳しい稽古と祖父の優しい教えの成果が、そこでよみがえったのである。

■

いうまでもなく、ワキは面をつけることがなく、舞を舞わず、型も少ない。登退場と立ち居の姿、そして何よりも謡が身上である。容姿と声音に恵まれた宝生新は、もうそれだけで勝負あった、である。野上弥生子が「秀麗な容貌、押しだしに劣らない美声、またありある音量、世阿弥が説いた幽玄の風姿を生まれながら身につけたような芸風」「舞台ではシテを圧するほどの見事な芸を見せた」（「宝生新先生のこと」『野上弥生子全集』第22巻）と回想した通りであろう。また、坂元雪鳥はすでに明治末年に「現今の三偉材」として梅若万三郎・喜多六平太と宝生新の名を挙げ、「鉢木の道行など唯モウ其玲瓏の妙音に酔はされる、自分の主張も何も忘れて感服してしまふ。あの豊富な而も澄み渡つた声で、悠揚迫らず字句明晰な謡振は当今斯界第一である」と書いた。以後『坂元雪鳥能評全集』には、宝生新が出てくるたびに「自在な謡ぶり」「無類に立派」「例の名調」「胸が透く思ひ」といった評語が飛び交う。

その謡は、われわれもかろうじて録音で聴くことができる。SPレコードという悪い条件の限りではあるが、定評通りの豊かな声量、明快な発音、艶やかな美声である。そして能の謡としては意外なほど、内に籠もらず、開放的な発声であり、イロとかアタリの装飾音を小まめに美しく扱っていることがわかる。これをライブで聴いたら凄いだろうな、と思う。しかも、小鼓の名人・幸祥光《こうよしみつ》は「新さんになって始めてワキの謡がきちんと拍子に合うようになったのであって、新さんより年長のワキの謡は拍子に合わないのがあたりまえであった」といったそうだ（穂高光晴『近代能楽師列伝』平成10年、能楽出版社）。

謡だけではない。独特の雰囲気と情感を表現した例を、2つだけ引用する。昭和14年4月の研能会、梅若万三郎〈定家埋留〉への評を、沼艸雨は「ワキが宝生新氏である。『枝に残りし紅葉の色』のあたり、目前にその情景が浮び出てくる。『や』と一足引いて、時雨がふり来った表現の至妙、言語に絶す」（『沼艸雨能評集』昭和42年、檜書店）と書き起こしている。

〈大原御幸〉の有名なワキの見せ場「露結ぶ……待ち顔なり」を新がどのように演じたか、三宅襄『能の鑑賞講座』（平成9年、檜書店）は次のようにいう。

この一節はワキ方宝生流では闌曲風の謡になっていて、故宝生新の独壇場であった。ワキ正より正面でやや足をひらいて謡い始め、「岸の山吹咲き乱れ」と右ウケて橋懸の方へ面をつかって眺め、直して目付へウケて少し左を引き「八重・たつ雲の」と面をつかって彼方の空を見上げ、「山・郭公の一声も」と調子を張って謡うあたり、宝生新のあの堂々たる容貌が毅然と輝きをもち、ハリのある美声が満場に響きわたる。まさに杜鵑一声耳をつんざくの概があった。宝生新の前は知らない。彼以後、このような立派なワキは出ないであろう。

残念ながら、〈大原御幸《おはらごこう》〉のこの場面に関して、三宅襄《のぼる》の予言は当たったようである。しかし、宝生新の門下から逸材を輩出したことを忘れてはならない。

長男、宝生英は夭折したが、十一世宗家は次男宝生哲（一時、芸名を彰彦といった）が継承した。手塩にかけた高弟には松本謙三、次に女婿の宝生弥一、実子（哲の異母兄）の森茂好《しげよし》がいる。また弥一の長男で新の外孫、宝生閑が十二世宗家を継承し、閑もまた幼少期に稽古を受けている。謙三・弥一・茂好・閑、みな鬼籍に入ったが、間違いなく昭和の名人であり、四人揃いも揃って人間国宝である。

最後に、宝生新の人柄に触れたい。少年時代に正岡子規と懇意になった。子規は謡の稽古はしなかったが、その縁に端を発したのか、高浜虚子、河東碧梧桐《かわひがしへきごとう》、夏目漱石、野上豊一郎、安倍能成《よししげ》など、名だたる文人の素人弟子が多い。

中でも漱石に関しては有名な逸話がある。漱石邸への出稽古では、約束の日をしばしばすっぽかした。漱石は日記に「新今日も来たらず」と記し、堪忍袋の緒が切れて「今後御来車に及ばず」と断り状を出したこともあった。そのように漱石を何度も怒らせながら、新は悪びれず訪れ、けろりと「ところで今日は何をお謡いしましょうか」というので、漱石も根負けして稽古を続けたという。

こと芸事にかけては、舞台上はもちろん弟子への稽古もまじめで厳格をきわめたようだが、舞台を離れた日常生活はまことに呑気で大らかだったらしい。若き日の放逸が人間的な幅を形成したのだろうか。酒は嗜まなかったが多趣味で、花札、麻雀、狩猟、釣り、寄席、六大学野球観戦に興じた。

ふたたび野上弥生子の言を借りると、「いかにも江戸っ児らしく明るく、気軽で見得もつくろいもない新先生の態度は、あの人のもっとも美しい一面であった」。

■ ■ ■

［註1］谷川徹三　明治28年（1895）—平成元年（1989）。哲学者。法政大学文学部哲学科教授となる。その後、文学部長、能楽研究所長を経て大学総長となった。

狂言方

大蔵流
和泉流

《大蔵流》

善竹弥五郎

【ぜんちく・やごろう】
明治16年（1883）年10月4日・生
昭和40年（1965）年12月17日・歿
人間国宝

善竹弥五郎は、初名、茂山《しげやま》久治。旧淀藩士剣持氏の息として京都に生まれたが、2歳のとき母が二世茂山忠三郎《ちゅうざぶろう》良豊と再婚したので、良豊の長男として入籍し、その薫陶を受けて成長した。が、のちに生まれた良豊の実子良一が三世忠三郎となり、久治は忠三郎家の分家として一家をなした。

昭和16年（1941）、久治の次男吉次郎が大蔵宗家へ入り、二十四世家元大蔵弥太郎（のち弥右衛門）を名のった。中絶していた大蔵流の家元が再興したのである。久治は家元後見となり、このときシテ方金春《こんぱる》流宗家光太郎（八条）から「弥五郎」の名を贈られる。

弥五郎は子福者で五人の男子、六人の孫がすべてこの道を嗣いだが、一家は、茂山千五郎家の分家である茂山忠三郎家の、そのまた分家であった。

弟の三世忠三郎良一は義弟といっても同腹である。後年は、おおらかでスケールの大きい芸風と自然の巧まざるユーモアを謳《うた》われ、高い評価を得ていたが、弥五郎にしてみれば、厳しく仕込まれ努力した自分に比べて、12歳年下の良一は実子の甘えゆえにろくに稽古をしていなかったので、歯がゆい。良豊亡きあとは良一に忠三郎を嗣がせ、自分がアド役に回って新しい忠三郎を盛り立てるべく厳しく稽古をつけたらしい。しかし、その忠三郎は昭和34年、64歳で先立ってしまう。

昭和38年（1963）、弥五郎は八条の後嗣、金春信高宗家から、金春禅竹にちなむ「善竹」の姓を贈られた。ただし、金春信高は弥五郎一人に対して贈ったつもりだったが、弥五郎は大蔵宗家である弥太郎一家を除いて、四人の息子と四人の孫、一家をあげて茂山姓から善竹姓に改めた。善竹姓になったことで、茂山家の分家の分家ではなく、独立して善竹家を構えたことになったのである。そこには弥五郎独自の屈折と自負が介在した。

ただし、弥五郎自身は昭和40年に他界するので、生涯の大部分は茂山姓だった。以下、なるべく「弥五郎」とだけ記したいと思うが、引用を含めて「茂山」「善竹」を混用することもある。

第二次大戦後の能楽界で、戦前とは違うめざましい現象は、狂言の占める位置と人気が著しく上昇したことである。それまで能に比べて低く見られ冷遇されてきた狂言の、その魅力と真価が、再認識、再発見されるようになったのは、時代の流れと関係がある。ずっと後になるが佐竹昭広のすぐれた狂言論に『下剋上の文学』(昭和42年・1967)があり、この書名が象徴的である。いわゆる戦後民主主義の思潮の中で、狂言の笑いと風刺、幽玄な歌舞劇である能に比べて分かりやすいせりふ劇としてのエネルギーが高く評価されたのである。中世史、中世文学の研究者からも狂言に対して熱い視線が寄せられた。

こうした時代の流れに呼応して脚光をあびた一人が弥五郎であり、それには武智《たけち》鉄二の圧倒的な支持と評価が与っている。

「昭和廿三年の回顧と廿四年の展望」という時評で武智鉄二は「本来演劇的であり、人間性が強い故に能楽より低く評価されていた狂言が、その人間性への深い省察に立つ茂山弥五郎の名人の演技を通じて、評論家の間に能楽以上の評価を受けるに至ったのも、時代の推移を物語るものであろう。多士済々、この年の狂言の動向は能楽以上に注目に値する」

〈素袍落〉シテ 太郎冠者（左）

と論ずる。また昭和31年（1956）に「新しい演劇」という評論で武智が「名人と呼ばれるいくたりかの古典劇俳優たち」「私の演劇芸術上の世界観を支え、創り出してくれた人たち」として挙げているのは、「能の喜多六平太《きたろっぺいた》、金春八条や故梅若万三郎、故宝生新《しん》、狂言の茂山弥五郎、文楽の故吉田栄三、京舞の井上八千代、歌舞伎の故尾上菊五郎」である。狂言尤も、武智は早く戦前から弥五郎を高く評価していて、昭和19年に、吉田幸三郎、片山博通と三人で「古典芸術を観照し、殊に名人の芸に味到することこそ、現下肝要の事項である」という見解のもとにプロデュースした〈断絃会〉に、金春光太郎、櫻間《さくらま》金太郎（弓川《きゅうせん》）とともに茂山弥五郎を呼んでいる。

昭和30年には「狂言ブーム」ということばが生まれるほど、狂言は世人の関心を集めた。能に万三郎、野口兼資《かねすけ》なく、歌舞伎に菊五郎、吉右衛門なきその当時だが、狂言界にはさいわいなことに、名人上手と新進気鋭の役者が勢揃いしていた。そして、そのトップに立っていたのが弥五郎だった。

34年6月号の「文藝春秋」は「舞台俳優ベストテン」という特集座談会を組んだ。選考者は、安藤鶴夫・遠藤慎吾・尾崎宏次・武智鉄二・戸板康二《やすじ》・福田恆存《つねあり》・村山知義。五人の演劇評論家と二人の劇作家である。議論が重ねられた結果、十人の「舞台俳優」が選ばれ、その第一位が茂山弥五郎であったのには驚いた。選ばれた他の九人の俳優は、歌舞伎の市川寿海・八代目松本幸四郎（白鸚《はくおう》）・十七代目中村勘三郎・中村翫右衛門《かんえもん》、新派の花柳《はなやぎ》章太郎・初代水谷八重子と新劇の滝沢修・千田是也・杉村春子。実力もさることながら、揃いもそろって華々しく高名な俳優たちである。今も能や狂言は、他の演劇に比べて、社会的認知度は低い。まして昭和30年代は、マスメディアで野村萬斎《まんさい》が人気を博したりする現代と違って、知名度はまったく低かった。だから、おそらく「文藝春秋」の読者で他の九人の俳優を知らない者はいないけれど、茂山弥五郎を知る者は稀であったといってもよい。にもかかわらず、その俳優たちに優るとも劣らぬ評価を得たのは、弥五郎の芸が演劇として卓越していたことを証すものだろう。

私は弥五郎の舞台をさほど数多く見てはいない。が、忘れられないのは昭和35年11月30日、染井能楽堂での〈木六駄《きろくだ》〉（弥五郎翁を観る会）である。太郎冠者が、主人の使いで、薪と炭を積んだ十二匹の牛を引き、都の伯父のもとへ急ぐ。その道中、雪の降りしきる峠道を、牛を追うのに難渋する。本舞台と橋掛リを往還しながら、蓑も笠も左肩にかついだ酒樽も雪綿で覆われ、牛を追う姿である。右手に持った鞭で12匹の牛を描き出す、その鞭さばきの巧みさ。しかも、凍えるような寒さも伝わってくる。そして酔態で舞う「鶉舞《うずらまい》」の、自在で破調の舞いぶり。酒に酔ってから峠を下る時の、ふっと緊張のほぐれたような柔らかみ。終始、リアルであった。すでに77歳の高齢だったが、強靱な写実芸と強烈な迫真力に、庶民的なヴァイタリティが感じられ、それまでなじんできた東京の名人・名手たちの硬質な感じの狂言とはまた違う魅力を感じた。

次いで記憶にあるのは、昭和37年3月16日、水道橋能楽堂での〈武悪《ぶあく》〉（東京能楽鑑賞会）である。〈武悪〉は六世野村万蔵の主と弥五郎の五男、圭五郎の太郎冠者《たろうかじゃ》を相手に、弥五郎が武悪を演じた。今と違って、異流共演は御法度といってもよい催しだった。しかし、小山弘志・大河内俊輝・横道萬里雄《よこみちまりお》らが運営する東京能楽鑑賞会の企画に、弥五郎も万蔵も応じた。狂言方の問題に能楽協会は介入しないようになっていた。狂言内部の問題だが、弥五郎・万蔵は大蔵・和泉を代表する最長老であり、大蔵の家元は弥五郎の次男、和泉の家元は万蔵の甥である。支障は生じにくかったと思われる。20数年後のことだが「あのときは年寄りに花を持たせたんだ」と大蔵弥右衛門から聞いたことがある。

ともあれ、その〈武悪〉は、異流共演とか両巨頭の対決などの呼び声とは別に、〈武悪〉という狂言が実に見応えのあるドラマであることを、強く感じさせた。万蔵の主は、その後も何回か見ての印象と同じく、集中力と緊張感みなぎる前場と明るくコミカルな後場との鮮明な対照がおもしろく、弥五郎の武悪は、たとえば生け簀《す》で魚を追う真剣な面持ち、太郎冠者が刺客であると知った時の驚きと失意、幽霊になって再登場してからの問答、一貫して大きく重厚なリアリズムで、宮仕えする者の悲哀としたたかな抵抗を描ききった。

その他に昭和36年、秀麗会での〈楽阿弥古式〉、同39年3月31日、朝日賞受賞記念狂言会〈枕物狂《まくらものぐるい》〉も見たのだが、曲の扱いの重さに圧されて、印象は稀薄である。

また、私は見ていなくて残念なのが、弥五郎十八番とも称すべき、たとえば〈素袍落《すおうおとし》〉〈鎌腹《かまばら》〉であり〈右近左近《おこさこ》〉である。ことに〈右近左近〉の、コキュ（妻を寝取られた男）の悲哀を自嘲の笑いで表して真の迫ったラストシーンは、語り草になっているほどだ。

こうした弥五郎の演技力と表現力のすぐれていることには、誰しも疑いを容れなかったが、その狂言のとらえ方、弥五郎の世界に疑問符を投げかけられた面もある。たとえば狂言研究家の北川忠彦は『狂言百番』（淡交社刊）で次のように評している。

「芸格は素朴で芸風は細緻といえばよろしいでしょうか。類型的な狂言の人間像の中に写実的な芸風でいかにも血の通った人間らしさを吹き込んだ功績は大きく、その点、かぶきの六代目尾上菊五郎にも匹敵する人で、狂言界最高の名人と称える人もあります。ただ、いかにも狂言らしいおおらかな風格に欠けるのが惜しまれていましたが、老来、また一種独自の風格を持つに至りました」。――六代目菊五郎を引き合いに出しているところは、はなはだ暗示的で、古典的に洗練された美意識とか雰囲気とは別に、心理的リアリズム、人間主義を導入したところが近代人の共感を呼んだ。

昭和29年〈釣狐《つりぎつね》〉の演技で日本芸術院賞、39年に朝日文化賞を受賞し、同年、狂言師では初めて人間国宝に認定された。

《大蔵流》

三世　山本東次郎

【やまもと・とうじろう】
明治31年（1898）年9月26日・生
昭和39年（1964）年7月26日・歿

狂言師が全国各地の学校におもむき、講堂や体育館で生徒たちに狂言を見せる活動は、各流各家で行っているが、もっとも早く積極的に実行したのは山本東次郎家であった。実は、私は東京・大田区の出身だが、小学校の五年生か六年生の時だから、昭和25年（1950）か26年に、学校の講堂で〈末広がり〉と〈附子《ぶす》〉を見たのだった。上演前に山本東次郎と名のる人が現れて解説があり、共演者の一人を「私どもの家元で、大蔵弥太郎と言います」と紹介したのを覚えている。今の四世東次郎はまだ中学校一、二年生、則直・則俊は小学生だから、昼日中、学校回りに共演するはずがない。いま思うに、共演者は大蔵弥太郎の他はおそらく中島登や大島寛治だったのだろう。それが私の狂言を知った最初の経験だが、言葉がおもしろくて、見終わったあとも「ヤイヤイ太郎冠者あるか」とか「心得た」などと真似をしたものだった。その後、大学に入り意識的に能や狂言を見るようになるまで、一度も狂言を見たことはないが、山本家の学校巡演という狂言の啓蒙普及活動は、一小学生に多少なりとも影響を及ぼしたのである。

■

山本東次郎家の初世は、天保7年（1836）に豊後《ぶんご》竹田藩の江戸詰藩士だった。藩命で同藩狂言方小松謙吉、さらに当時の狂言界での実力者、阿波藩狂言方宮野孫左衛門に師事して、武家式楽系の芸を身につけた。大蔵・和泉両流各派はいずれも、禁裏御用または京都、加賀などの町衆に支えられてきたのに対し、山本家だけが武家式楽の芸統を継ぐ家として現在に至っている。

そして初世から三世まで、代々の東次郎が大蔵宗家と深い関わりを持ってきた。初世東次郎は、二十一世大蔵弥右衛門虎武に認められ、13歳の時から、5歳年下の二十二世虎年の相手役をつとめてきた。虎武は嘉永2年（1849）に30歳で早世してしまう。遺された虎年の、東次郎はよき相談相手であった。が、その虎年も明治14年（1881）、41歳で死

〈文蔵〉シテ 主

去してしまう。虎年の遺児、二十三世虎一はまだ15歳、明治の混乱期で父から充分に稽古を受けていなかったらしい。東次郎は虎一を預かり訓育することになったが、虎一は宗家伝来の書物（虎明本や虎寛本など）も山本家に預けたまま、一年足らずで消息を絶つ。以後、大蔵流は宗家が空席である時代が続く。初世東次郎は明治35年に67歳で歿し、その長男、泰太郎が二世東次郎を継ぐ。大正11年（1922）、すでに能楽界を離脱し転職していた虎一は、二世東次郎宛てに「能楽協会宗家部会に出席し、大蔵流を代表し会議で発言し表決に加わる」ようにという委任状を書いている。この時から昭和16年に二十四世大蔵宗家が再興するまで、山本東次郎家は、名実ともに大蔵宗家を代行する存在であった。

二世東次郎は元治元年（1864）に生まれ、昭和10年（1935）に71歳で歿した人。明治43年に、素人弟子で後援者の渡辺勝三郎（演劇評論家渡辺保の大叔父）の出資を得て、本郷弓町に舞台を新築し、山本会を興した。この舞台は、昭和4年、現在地に移築され、杉並能楽堂として催会を行っている。二世東次郎には子がなかったため、内弟子の河内晋と高井則安（実弟高井武造の息男）をきびしく薫陶した。この河内晋がのちの三世山本東次郎である。

河内晋のちの三世東次郎は、明治31年（1898）、五人兄弟の次男として横浜市に生まれた。実父、河内茂男は、初世東次郎と同じく豊後竹田藩の藩士で、貿易商をしていたが、結核に感染したため、兄弟全員、父の郷里である大分県竹田市の祖父母に預けられる。結局、両親ともに結核で早世、晋は同40年に上京、知り合いの紹介で二世山本東次郎則忠に内弟子として入門する。翌41年には早くも〈田村〉のアイで初舞台を踏む。大正4年（1915）に〈三番三〉、昭和6年（1931）〈釣狐〉、翌7年〈花子《はなご》〉と、順調な階梯を踏んでいった。この間に東洋大学文学部に学び、支那哲学科を昭和4年に卒業している。その時代に、芸に携わる人としては異例の高学歴だが、そもそも二世東次郎も一ツ橋一中卒業後、一時小学校教諭となり、さらに水産講習所（今の東京海洋大学）を出て水産関係の実務に携わったというから、その向学心と社会性は師匠譲りだったのだろう。二世東次郎には嗣子がなかったので、晋は養子に迎えられ、大学を卒業した年、山本晋と改姓した。相弟子の高井則安は二世東次郎にとって実の甥なのだが、晋は芸も人も高井を凌駕して見込まれたらしい。そして、昭和10年9月に養父歿後、家督を相続して三世東次郎を襲名する。

初世から三世までの東次郎には、代替わりしても、ふしぎなほど似た人格、一貫して流れる共通性がある。それは、大蔵虎明の『わらんべ草』に主張されている「能の狂言」を理想とし、頑固と見えるほど信念に徹し、先人ないし師父からの伝承を固く重んじたことである。安易な笑いを寄せつけず、エンターテイメント性を拭い去った狂言を演じた。とりもなおさず武家式楽の誇りに生きたのである。

人間的にも硬骨漢であった。たとえば明治以後、断髪令が下ってもチョンマゲで通した老人がいて、能楽界では初世東次郎が櫻間伴馬《ばんま》・三須錦吾《みすきんご》［註1］とともに三チョンマゲといわれたが、終生髷を切らなかったのは東次郎だけだったという。

また二世東次郎は、天然痘を患った痘痕があったのでジャンコ（あばた）の東次郎と呼ばれたそうで、「俺はこういう醜男だから『花子』みたいなものはやっちゃいけない」といってつとめなかったという。もちろん三世東次郎に対しては〈花子〉も厳しく仕込んでいるのだから、できなかったわけではない。〈花子〉は、妻の目を盗んで愛人との逢瀬を楽しんだあげく、謡まじりでのろけ話を展開する男の物語だが、そういう艶っぽい内容は、容貌に自信がないからと禁演する、そこまでストイックな能・狂言の役者は、おそらく空前絶後だろう。

ここで『坂元雪鳥《せっちょう》能評全集』から、二世東次郎と河内晋（三世東次郎）に対する評価に変化があるところを抜き出してみる。

大正7年（1918）6月24日、宝生会で野口政吉（兼資《かねすけ》）の〈望月〉のアイをつとめた河内晋を酷評している。

河内氏のは余りに無神経な演り方であつた。（中略）斯うなつて来ると手堅いといふ同情は消えて不器用だといふ反感をそゝる。是は或は東次郎氏が自分の好きな芸風を少年に強ひ過ぎた結果ではあるまいかとも思はれる、氏の芸が真剣であることは十分認めるが、然し何方と言へば光らない質である。それを若い人たちが穿き違へたのではあるまいか。

いかにも二世東次郎の楷書に過ぎる教え方の投影を想わせる。

ところが大正10年7月31日の大蔵・和泉両派聯合狂言大会では、

河内君の『伯母ケ酒』には何処か自由なやうな味が見えました。山本門下の芸風の窮屈さが幾分寛いで来たのなら、賀すべきことで同時に警戒すべき事だと思ひます。

とある。これは、あながち河内晋が早くも固い芸風から柔らかい芸風に変わったのではなく、もともと河内晋の中にそういう器用さが潜んでいたことの現れではないだろうか。

さて昭和4年10月24日の山本会では二世東次郎が〈木六駄《きろくだ》〉を演じた。「山本氏の酔態は柔か味が十分で妙境に入つた。頑強にいかつい芸を守つて来た氏も、もつとも自然な柔かさが出て来たのである。」——こんなふうに前半生は固く剛直な芸に徹していたのが、年を重ねるにつれ自然にほぐれて柔らかみを加えた芸に至ったというのは、初世・二世ともに、そっくり当てはまる定評であった。実は、三世東次郎も晩年そうなりかけていた。

三世東次郎には、有名な「乱れて盛んになるよりは、むしろ固く守って滅びよ」ということばがある。これは二十二世虎年の遺訓を引いたものだそうだが、三世東次郎がこれをいったのは、時あたかも狂言ブームといわれ、能楽堂以外の劇場での狂言公演や狂言師の他ジャンルとの共演などの新しい試みが盛んに行われたのに対する、守旧派としての警鐘であろう。そういう新しい活動のすべてに三世東次郎は禁欲的であった。

私が能や狂言を見始めたのはその少し後である。狂言では先に野村万蔵家や三宅藤九郎家の舞台に接していたので、小学生時代の鑑賞経験など身についていないから、改めて東次郎の舞台を見た時はびっくりした。明るさとか洒脱さがまるで感じられない。せりふも謡も堂々と強い発声であることには感心したが、それは狂言ではなく能のようだと思われた。それにせりふの一句一句、句末が半音上がって聞こえる、その抑揚が奇異に感じられた。——こういうことどもは、しかし、あくまで初心の印象であり、見慣れてくると東次郎の狂言には東次郎独特のおもしろさがあることに気がついた。

たとえば〈神鳴《かみなり》〉〈千鳥〉〈縄綯《なわない》〉などの舞台が思い出されるのだが、まず笑いの表現に得もいわれぬ魅力があった。大口を開けて哄笑するのでなく、「うっふっふ」と含み声で笑う、その声が腹の底から自然に響いてくる。上品で滋味を湛えてさわやかな笑いであった。せりふは常に声量豊かで発音が明晰である。筒の太い美声であるために、能のようだと感じさせたのだが、そして事実、学校巡演に際しては、能楽理解の一助に〈羽衣〉の一部を舞ってみせるくらい歌舞の技倆があったのだが、狂言の演技はけっして能のようではなかった。発音の明晰さと、きびきびとしたテンポのよさは、能の謡とは異質である。身体表現にも同じことがいえて、運びも一挙手一投足の型も、まったく渋滞しない思いきりの良さがあって、それは能的な抒情ではなく、まさに狂言の叙事性にふさわしいのだった。

小山弘志に「山本東次郎氏に聞いた狂言の味い方」という文章がある（『国文学解釈と鑑賞』昭和27年10号）。〈末広がり〉のシテを「倅」（当時15歳の則寿、現東次郎であろうか）にやらせて自分が太郎冠者をする時、シテが「末広がりというは自体扇のことじゃいやい」というのに対して太郎冠者が「扇なら扇と、はじめから仰せられたがようござる」というと、観客が笑う。しかし配役を逆にしてそのせりふを倅が言っても観客は少しも笑わない。そこを東次郎は「このように同じ言葉でも言いまわしがよければ普通は笑わない所でも『をかし』

を表現することが出来るのです」と総括する。客を笑わせる、おもしろく聞かせる術にも敏感であったことが分かる。

続けて〈附子〉なら〈附子〉だけでも、初心者から経験をつんだ者までいくらでも違った「をかし」を表現することができると説き、太郎冠者・次郎冠者が外出する主人に向かっていうせりふ「ゆるりと慰さうで帰らせられい」を、次のように解釈している。

「この言葉は単なる『いってらいしゃいませ』ではない、『ゆっくり遊んでいらっしゃいませ』であって、主人に対する両人の皮肉なのです。ここの言葉づかいがその意に徹して、芸が熟達していれば、観る者は針を綿で包んだようなこの言葉にハッとつかれるはずです。これは諷刺であり、同時に観客の胸にこたえてその中で消化した後にもれる笑ともなるのです。」——実に透徹した解釈と分析である。三世東次郎が狂言の笑いについて鋭い考察を怠らなかったこと、また、それをどのようにでも表現しようと思えばできたことが、よく分かる。

さきに私は東次郎の芸が晩年柔らかくなりかけていた、と書いた。それを如実に感じたのは、昭和39年2月1日、大曲・観世会館で見た〈昆布売〉である。友枝喜久夫の項でも触れた〈さんにんのう〉という催しで、喜久夫〈景清〉と橋岡久馬〈巻絹《まきぎぬ》〉にはさまれて、大蔵弥太郎（のちの弥右衛門）の大名の相手役昆布売りである。それまでになく、柔らかく洒脱な風を見せたのに目を見張った。大名に芸をさせて合槌を打ち笑いながら「器用な奴じゃ」というせりふの軽み、余裕のある笑顔を忘れることはできない。今にして思えば、それは明らかに円熟味を示し始めた顕われだった。まさか、その年の夏に亡くなられるとは思ってもみなかった。同い年で御徒町《おかちまち》小学校での同級生でもあった六世野村万蔵は三年後の昭和42年、人間国宝に認定され、十年後の同49年、日本芸術院会員になっている。65歳で亡くなった三世山本東次郎は、現世での栄誉に恵まれること少なかった。しかし、その強靱な芸は多くの人の記憶に残ったし、何よりも四世東次郎則寿《のりひさ》、次男の則直《のりただ》、三男の則俊、さらにその子息たちに至るまでの、規矩正しい舞台の中に三世東次郎は生き続けている。

■ ■ ■

［註1］三須錦吾　天保3年（1832）―明治43年（1910）。幸流小鼓方。。

《和泉流》

六世 野村万蔵と九世 三宅藤九郎

和泉流狂言の六世野村万蔵と九世三宅藤九郎は、実の兄弟である。初名を、万蔵は野村万作、藤九郎は野村万介といった。二人の父は五世野村万造（初世萬斎《まんさい》。文久2年・1862―昭和13年・1938）。加賀前田藩お抱えの町役者、野村万蔵家の五代目である。その父の四世万造義比が狂言を廃業し、しかも早世したため、半玄人《くろうと》の弟子家長老二人から稽古を受けたのち、明治13年（1880）に上京、分家の野村与作［註1］に師事する。同16年以降は東京に定住し、三宅庄市［註2］に師事した。間《あい》狂言のことは初世山本東次郎や名人・宝生九郎知栄《ともはる》（シテ方宝生流十六世）に教えを乞うたこともあった。生活のために区役所や鉄道会社に勤務しながら、舞台活動を続け、やがて二世山本東次郎とともに、東都狂言界の第一人者と目されたし、衰微しかけていた東京の和泉流を隆盛に導いた。

大正11年（1922）、家督を長男万作（六世万蔵）に譲り、翌年、隠居名の萬斎を名のる。坂元雪鳥は萬斎について、「物を識つて居ることに於て、又腕前に於ても和泉流第一の此の人に、典雅な味が無いといふのは残念千万なことである」と評している。それかあらぬか、萬斎は二人の息子に「自分は多くの人に揉まれて、松の木のようなねじめたわめられた枝ぶりになってしまったが、お前たちは檜のような大木になれ」といっていたという。

大正9年に二人の息子のための勉強会「よいや会」を起こした。このよいや会は、初めは月例、のちには年5回程度催し、毎回狂言五番と小舞を上演し、萬斎歿後の昭和19年（1944）まで約200回続けられた。この会で狂言の魅力に開眼しファンになった人も多かったと聞くが、また、兄弟の芸が磨きに磨かれた場でもあった。二人は父の諭しに充分に応え、格調正しい、父を超える存在にまで達したのである。

■ ■ ■

〔註1〕野村与作　文政9年（1826）―明治34年（1901）。和泉流狂言方。金沢から東京へ移住し野村万蔵家分家の野村与左衛門の婿養子となり、明治狂言界復興の功労者となった。

〔註2〕三宅庄市　文政7年（1824）―明治18年（1885）。和泉流狂言方。三宅藤九郎家七世。明治初期の東京狂言界の実力者。

六世

野村万蔵

【のむら・まんぞう】
明治31年（1898）年7月26日・生
昭和53年（1978）年5月6日・歿
日本芸術院会員・人間国宝

六世野村万蔵は、戦後、独演会である「よろづ会」「万蔵の会」を、昭和40年（1965）からは一家の会として「野村狂言の会」を主宰してきた。また、同30年5月、日本橋白木屋デパートの懇請により〈狂言の会〉を催した。これはのちに〈白木狂言の会〉と改称し、小宮豊隆・里見弴《とん》・石井鶴三・滝井孝作らが顧問となって、超流派で全狂言師が出演する月例の催しに発展し、同38年、96回で終了するまで、野村万蔵が番組編成の責任に当たった。学校巡演は別として、当時、能楽堂以外の劇場空間で狂言を定期的に催したのは先駆的で、広く狂言を普及させた功績は大きい。

狂言といえば万蔵。ある時期、東京の六世野村万蔵と上方の善竹《ぜんちく》弥五郎とは双璧という存在だったが、弥五郎歿後は日本を代表し、やがて世界の演劇人も知るところとなった。人間国宝は善竹弥五郎が、日本芸術院会員は野村万蔵が、狂言師として初めて受けた。

昭和40年の2月、評論家の加藤周一は、岩波の「図書」に「野村万蔵の芸」という文章を寄せ、つぎのように万蔵の芸を讃えた。

嘗ていくさのまえに、歌舞伎と羽左衛門・菊五郎・吉右衛門を同時に知ったように、またいくさの間に、能と梅若万三郎・金剛巌・桜間金太郎を同時に発見したように、今私はいくさの後、狂言と野村万蔵を同時に発見した。歌舞伎と能の舞台では、そのときすでに名人の時代が過ぎ去ろうとしていたが、野村万蔵は名人であった。狂言の型は、おそくも江戸時代のはじめには、固定していたらしい。その固定した型は、写実的な要素の細かい部分をきり捨てて、舞台を考えられるかぎり抽象的に、極端に様式化したものである。下手が狂言を演じれば、ただその型だけがあらわれ、人物に血が通わない。大蔵虎明の『わらんべ草』に、「下手の狂言は能になる」というのも、おそらくそのほかの意味ではないだろう。しかし上手が演じれば、型は型としてあらわれず、個性的な人物の喜怒哀楽が、抵抗すべからざる説得力をもって人に迫る。野村万蔵の太郎冠者が笑えば、それは実際に人を誘いこむ笑であり、酒を飲んでほろ酔いになればわれわれはほんとうにほろ酔いの男を眼のまえに見るのである。そういうことが固定した型をとおして可能であり、そういうことが可能であれば、どれほど微妙ないうべからざる効果を生じるか、けだし筆舌に尽し難く、ただ野村万蔵の舞台を見るほかにわかりようがない、――という確かな実感があって、私はこの人を名人とする。

この文章に「文化の普遍性について」という副題がついていたのは、万蔵の芸が広く受容されたことを語って象徴的である。

また、昭和43年に来日したソ連（当時）ボリショイ・ドラマ劇場の演出家トスゴーノフは、万蔵の〈棒縛《ぼうしばり》〉を見て「非常に練り上げられた驚くべき芸術で、その背後には数世紀にわたる伝統が存在していると感じた」「リアリスティックなものが高度に単純化されている点で、それはスタニスラフスキー・システムの最高の表現である」と賞賛した。

同49年、喜寿を記念して演じた〈花子《はなご》〉などは、年齢を感じさせない一糸乱れぬ楷書の芸で、謡と仕方語リの格調高く緻密な表現がすばらしく、20歳代で披《ひら》く演目だが、この芸歴と年季を経て本物になることを実感させた。その前後によく見た〈船渡聟《ふなわたしむこ》〉の船頭や〈佐渡狐〉の奏者のしたたかな老巧さ。〈孫聟〉のシテの周囲から敬遠される老人の性格描写。

〈茶壺〉シテ すっぱ

そういうものを、ただ老練に達者に見せるというのとは違って、すっきりと厭味なく見せる、その写実と様式のあわいが格別におもしろかった。

そもそも野村万蔵は、丸岡明が「江戸前狂言師」と評したように、切れ味のよい、すっきりと粋な感触が、えもいわれぬ魅力であった。一曲一曲に刻み込む自在な間の取り方、その小気味のよさは、余人の及ばないところで、軽妙洒脱そのものでもあった。

たとえば〈木六駄《きろくだ》〉の酒を飲む演技、酔態で舞う鶉舞《うずらまい》。〈菊の花〉の仕方ばなし。「雀が烏のそばへ参って、チチ、チチと申してござれば、烏が雀をきっと見まして、コカア、コカアと申してござる」といっておいて、「あれは疑いもない親子でござる」と落とす、その間と呼吸。また、〈柑子《こうじ》〉のような洒落た小品。預かった三つ生りの柑子をみな食べてしまった言い訳を、成経・康頼・俊寛の物語にすり替え、語りおえて「その如く三つありし柑子も……」と謡に転ずるタイミング。たとえば〈茶壺〉のすっぱが入れ日記園所を語り舞うしぐさ。「兵庫を指して下れば」の次の句を思い出そうと瞬時小首をかしげて視線を下へ落とす、間の取り方——。

笑いを取るための計算やクスグリのための緩みが見えなくて、技巧の冴えや見事な切れ味なのだが、それをいかにもそれらしく感じさせせない。〈木六駄〉の太郎冠者は凍える寒さの後にやっとありついた酒ゆえに酔いしれてゆくのだし、〈菊の花〉の太郎冠者は烏と雀が親子だと思い込んでいる。〈柑子〉の太郎冠者や〈茶壺〉のすっぱは困惑を取り繕うあまり、人を食った態度を取らざるを得ない。そうとしか見えないので、笑いを誘う。

「江戸前」という形容は文化庁長官も弔辞のなかで用いたほどであり、「軽妙洒脱」も万蔵評の定石だった。ただし、この形容と評言が一人歩きしては困ると、私は思う。それだけでは万蔵の真価が誤って伝えられる懼れがある。軽妙と見え洒脱と思わせる、その底には、たえず力強いエネルギーが働いている。片言隻句、一挙手一投足にいたるまで、強さと鋭さを失わない。端的な例だが、私には〈鐘の音《ね》〉が忘れられない。和泉流の〈鐘の音〉は、寿福寺はジャンモンモンで大抵の音、円覚寺はパーンと薄い音、極楽寺はジャガジャガで割れ鐘、建長寺はコーンモーンモーンと冴えた良い音と、音色を区別して表現する。もちろん最後の「冴えた良い音」を美しくたっぷり聴かせるのは当然で、それはよいのだが、万蔵は円覚寺の「パァーン」を野放図なまでに高調子に、軽薄に聴かせる。軽薄さの表現が、思いっきり強く、しっかりした発声に支えられているのである。残念ながら他の狂言師の〈鐘の音〉から同じように感じたことはない。

少し時代を遡ると、「謡曲界」（昭和14年4月号）に能画家の松野奏風が寄稿した「野村万

造論・三宅万介論」では、

何時の頃よりか両氏は、それ〴〵にチャンと両氏の個性を舞台に発揮して、道は一つを歩み来り、歩み行くにも拘はらず、観衆が一目で判別する程に、両氏の芸味はそれ〴〵である。某殿烏帽子素袍の大名姿に見る堅固さ、長上下の某殿姿に現れる品格は万造氏の体にあり、括袴や十徳ものゝ洒脱、さて笠や薙刀などの写真物は万介氏の持味にあること、既に天下の周知言を俟たぬ。

といい、さらに昭和22年5月号「能」の安藤常次郎「狂言方人物論」になると

万蔵氏の芸にかつては、手がたいが柔か味がないと感じたものであるが、最近は手がたさが身についてそれから脱し、らくらくと演じてしかも形をくづさぬ、といふ域に達しつつある。風格も出て来たし、これからは狂言の味を満喫させてくれるであらうと思つてゐる。

という。昭和30年代以降の野村万蔵しか知らない身には、意外に聞こえるほどだ。

しかし、万蔵自身も生前、若いころの自分の芸は、一番の狂言をいつ、どこで演っても時計の針のように狂いがなかったといい、還暦を迎えた時、教わった通りでなく自分の狂言をやろうと思った。せりふ扱いの妙味とか間とかを意識するようになったのはそれから

だといっていた。松野奏風や狂言研究家で早稲田大学教授の安藤常次郎の見たとおり、若き日の万蔵はひたすら固く几帳面に演じ続けてきた。軽妙洒脱に演じたのはたしかだが、妥協のない強靱さが、演技の底流を貫いていたのである。

実弟の三宅藤九郎は、万蔵の歿後、「僕は明治末から大正昭和の狂言師の中では兄貴が断然すぐれていると思いますね」と、しみじみ私に洩らしたことがある。

九世 三宅藤九郎

【みやけ・とうくろう】
明治34年（1901）3月18日・生
平成2年（1990）12月19日・歿
人間国宝

九世三宅藤九郎は、初めにのべたように、野村萬斎の次男で初名野村万介である。が、縁あって昭和11年（1936）、三宅藤九郎家の八世惣三郎信之の遺子みねの養子となって、三宅家を継承した。三宅みねが京都祇園にいることを、偶然知った松野奏風が萬斎に報告したことから話が進展し、養子縁組の媒酌には初世金剛巌《いわお》が当たった。三宅庄市の弟子である萬斎にしてみれば、師家の再興は本望だったのである。因みに、この直前、同年7月に野村万介は結婚していたので、夫婦養子で三宅家に入籍したのである。

こうして野村万介は三宅万介となり、昭和14年には九世三宅藤九郎を襲名した。後年（同54年8月28日）、藤九郎は戸籍名「万介」を「藤九郎」に変更する旨を届け出、認めている。

夫人は、クラブ化粧品社長令嬢、旧姓近藤富志子で、六代目菊五郎に師事して尾上菊枝と名のり、歌舞伎の女名題《なだい》第一号となった人。披露興行に、歌舞伎座で、菊五郎の左甚五郎で『京人形』を踊ったのだから凄い。『道成寺』や『鏡獅子』を踊ると「遠見の菊五郎」といわれたほど師匠に似もし、腕も立った名手であったそうだ。その後、劇団新派の女優としても活躍したが、藤九郎と結婚してからは活動を断ち、家庭婦人に専念した。和泉元秀・三宅右近の母である。昭和22年、33歳の若さで他界した。いわゆる恋女房で、藤九郎は勧める人があっても二度と娶《めと》ることなく、終生、亡き妻への追慕を語ったものである。

萬斎の子として、同じ教えを受け、何十年と共演関係を築いてきた兄弟であっても、九世三宅藤九郎と六世野村万蔵の芸風は、対蹠《たいしょ》的といってよいほど、異なる面があった。野村万蔵は生前、三宅藤九郎の芸について、「親父そっくり」とよくいっていた。松野奏風がいうところも、たぶんその意味であり、「括袴や十徳もの丶洒脱、さて笠や薙刀などの写真物」とは、つまり〈鎌腹《かまはら》〉〈文山賊《ふみやまだち》〉〈悪太郎〉〈薩摩守《さつまのかみ》〉〈宗論《しゅうろん》〉といった写実味の濃いものを得意とする芸風だというのであろう。

カラッと明るく軽快な万蔵に対して、藤九郎の舞台は、暗いというわけではないが、写実的であるとともに、内攻的で求心的な、時に重厚な質感をもっていた。

だから〈川上〉のような和泉流だけの名曲、まさに萬斎から伝えられ兄弟で練り上げてきた狂言だと、甲乙つけがたく、それぞれの味わいがものをいった。万蔵の〈川上〉は、参籠《さんろう》の人々との会話や、霊夢を受けてついに「わっ、こりゃ目があいた！」と喜ぶところ、開眼後の妻との会話を通して、ふたたび目が見えなくなる経過など、技巧の粋を尽くし、たしかに名演であった。それが藤九郎の場合は、全体にしみじみと心に伝わってくるような位取りで、キリの謡なども抒情的な傾向を示した。万蔵の夫、藤九郎の妻で演じた〈川上〉もあり、それはもちろん、私が見た他のどの配役よりもよかった。

〈木六駄《きろくだ》〉と〈無布施経《ふせないきょう》〉も、万蔵の名演のほうが世に知られているかもしれない。が、藤九郎にはまた違った特長があった。〈木六駄〉の太郎冠者が、笠に雪をいただき、鞭で牛を追いながら峠道を越えて行く、その水墨画風の風景、沓を踏み切った牛に履き替えさせながら牛との心の通い合いなどに、しみじみした情感があった。〈無布施経〉は、野村万之丞（萬）のアドでたびたび演じたのが印象に残っている。この僧は、施主が布施に気づかぬことに業を煮やし憤懣やるかたないはずだが、藤九郎はその心情、焦慮を内向させ、あらわに出さない。布施を期待するのは当然である。決して貪欲ではない。しかし僧たる者、表立って要求はできない。そのへんの心理的な機微が余韻となって、静かな演技を生んで

〈附子〉シテ 太郎冠者

いた。

〈武悪〉の武悪が太郎冠者に「がっきめ、やらぬぞ」と背中を押されても、つゆ疑わず「戯れことをするな。魚が怖づる」と前を向いたまま魚の捕獲に集中しているところ。〈千鳥〉の太郎冠者が、流鏑馬《やぶさめ》の真似をしながら葛桶《かづらおけ》に手をかけ、酒屋が「何とする」と扇をおろすと、急に弓を射る型をし「危なやの。今の時に矢を放せば、こなたの目をホッシリと射貫くところであった」と切り抜けるところ。〈佐渡狐〉の奏者が賄賂を渡され、ついには扇で隠しながら納めてしまうものの、口調はあくまでも叱りつけ拒みつづけるところ。どれも計算し尽くされ、寸分の隙もない的確さであった。

■

三宅藤九郎の果たした仕事として、稀曲《ききょく》の復曲と新作狂言を挙げなければならない。まず復曲だが、これは近年さかんになった廃曲、番外曲の復活上演のことではない。現行曲であっても、能楽界のいわゆる遠い曲、何年、何十年も上演されていないので知る人が稀になった曲を上演することである。その意味の復曲はつぎの演目であった。

〈唐人相撲《とうじんずもう》〉(昭和30年)、〈庵の梅《いおり》〉(同33年)、〈狸腹鼓《たぬきのはらつづみ》〉(同34年)、〈煎物《せんじもの》〉(同36年)、〈児《ちご》流鏑馬《やぶさめ》〉(同37年)、〈河原太郎《かわらたろう》〉(同38年)、〈鞠座頭《まり》〉〈柑子俵《こうじたわら》〉(同39年)、〈今神明《いましんめい》〉(同41年)、

〈麻生《あそう》〉（同46年）、〈竹生島参《ちくぶしままいり》〉（同53年）、〈若市《にゃくいち》〉（同58年）。

この中の〈唐人相撲〉〈庵の梅〉〈狸腹鼓〉〈煎物〉〈柑子俵〉〈麻生〉などは、その後は他の演者も取り上げて珍しくなくなったが、藤九郎が先鞭をつけたのである。

〈庵の梅〉は昭和55年にも再演して、年輪と芸劫が、俳味と花やかさを併せ持つ作品と自然な調和を見せ、好評であった。〈狸腹鼓〉は、和泉流では明治18年（1885）に野村与作が演じて以来、〈鞠座頭〉は明治43年に野村萬斎と万作（万蔵）・万介（藤九郎）兄弟に二世山本東次郎が共演して以来であった。〈麻生〉は、結髪の場面があるので鬘をつけなければならず、国立能楽堂開場以後、四世茂山千作や野村萬も演じているが、藤九郎の所演は戦後初めてであった。〈柑子俵〉は、柑子の代わりに子供を俵の中へ入れる奇抜な筋立てゆえに、体が小さくて、しかもセリフがしっかりいえる子供役を得なければ上演できない。したがって滅多に見られないものの一つだが、昭和39年は柑子買を三宅藤九郎、山家の者を野村万之丞（萬）、子供を前年に〈靭猿《うつぼざる》〉で初舞台を踏んだばかりの野村耕介（五世野村万之丞）という配役で実現したのだった。

新作狂言は、『藤九郎新作狂言集』（昭和50年　能楽書林）に25篇を収めるが、半数は大正年間から戦前のうちに書かれ、父や兄の出演も得て、よいや会で取り上げている。古典狂言の骨法に倣った穏やかな作劇法だが、能のパロディありシェイクスピア種あり、また、大正昭和の新しい風俗や人情も機敏に取りこんだ作もある。〈ぼうふり〉〈盗寿《とうじゅ》〉〈蚤武者《のみむしゃ》〉〈ぢゃぢゃ馬馴らし〉〈盗掘〉などが、ほのかなユーモアを湛えて再三の上演を見ている。

狂言ではなく小舞になると、新作は百曲以上におよび、「小山伏」「山崎通ひ」「水車」「日吉は山王」「鶉舞」は、流儀の稽古本「改訂小舞謡」に編入された。ことに「鶉舞」は、昭和5年に鷺流台本から復原創作したもので、今では狂言〈木六駄〉の太郎冠者が酔態で舞うことで知られている。〈木六駄〉の茶屋の場面ではかつて軽い「柳の下」を舞っていたのが、昭和後期には「鶉舞」が大きな見せ場になり、野村万蔵家も含めて定着した。

そもそも三宅藤九郎は研究熱心で知的な人であった。昭和13年12月のことである。小学校6年の国語読本に載っている〈末広がり〉の文章があまり勝手な改訂を加えていることを発見したので、その杜撰を指摘する「小学読本の誤謬」なる一文を東京朝日新聞に載せた。反響はあって、14年5月、文部省の依頼で東京高等師範学校講堂での全国小学校教員協議会で、実演つきの講演を行った。また、都下小学校教員と視学の有志400名が文部省の斡旋で、よいや会を見学に来たりした。

また安藤常次郎は、早稲田大学国文学会で藤九郎の狂言歌謡に関する講演を聞いて惹きつけられたのがきっかけで、狂言台本を一番一番丹念に読んで検討することを思い立ち、三宅藤九郎、野々村戒三と三人で「狂言六義《りくぎ》研究会」を組織した。狂言の詞章のことを、和泉流と茂山家では「六義」と呼んでいる。月例のこの会は3回目以降を三宅藤九郎家で催し、のちに古川久、佐々木八郎、本田安次、池田広志、小林責という研究者が参集した。この研究会は、実に昭和16年から同33年まで続けられたのである。

安藤常次郎・古川久・小林責との共著『狂言総覧』（昭和48年）はこの研究会の一つの成果だが、その他、三宅藤九郎が自身筆をとった著書に、狂言に関する概説書としては初めての書物といってよい『狂言鑑賞』（同18年）と、少年のための上演台本『狂言物語』（同21年）がある。

■

能楽以外の、歌舞伎をはじめとする邦楽邦舞にも通暁し、該博な識見をもっていた。改まった講演でない座談でも、ユーモアを交えつつ、話のしかたが論理的で客観的であった。だから私は先に「知的な人」と書いたが、どうかすると舞台の芸についても知的と評されることがあり、本人はそれを好んでいなかった。「何か変わった芸をしているみたいで、甚だ不本意」だという。復曲、新作、講演、文筆という進取に富んだ仕事はそれとして、舞台の芸についてはむしろ保守的で、写実的で堅実な芸風も、父萬斎の教えに忠実であろうとした証左かもしれない。ただ、そこにおのずから、近代人的な知性の裏づけが加味されていたのも事実である。

《大蔵流》

三世・四世 茂山千作

狂言の茂山千五郎と、能の片山九郎右衛門・金剛巖《いわお》。この三家こそは、江戸期から現代まで、京都能楽界の象徴ともいうべき存在である。とはいえ、能は観世流・金剛流それぞれ謡と舞の技法に全国的統一が求められるから、京都風に集中してはいられない。が、能より写実的な科白劇《かはくげき》たる狂言は別である。茂山家の狂言とその芸風からは、京都の風土に密着した、洗練された写実味が感じられる。その点、山本東次郎と野村万蔵の東京風、善竹弥五郎の大阪風と、パラレルな関係にあるといえるだろう。

茂山千五郎の名跡は、現在まで十四代続く。代々千五郎を名のり、隠居名を千作と称する。古い時代については不詳だが、九世千五郎正乕《まさとら》（文化7年・1810〜明治19年・1886）の代から禁裏御用をつとめながら彦根の井伊家抱えでもあり、また京都町衆に愛され、育まれてきたことがはっきりしている。

〈京童《きょうわらんべ》〉という狂言小舞がある。「とかく子供たちや、いたいけがよいものぢゃ。あいやのぼろぼろ。肩に乗せて御所へ参らう」と始まり、赤子をあやす言葉や、正月、5月、7月と季節ごとの少年少女の遊戯などを、微笑ましくユーモラスに謡い込んでいる。フシの合間に「羽根突かう、鞠蹴らう、丁か半かもよいものぢゃ」というセリフが挿入され、当て振り的な型がついていたりする。古く鷺流[註1]にもあったそうだが、現在は和泉流にはなく、大蔵流でも茂山千五郎家だけに伝わっている。歌詞もメロディーも洒落ていて、こんなところにも京都町衆の生活感が投影した茂山家の芸風が感じられる。

■■■

[註1] 鷺流　江戸時代に大蔵流とともに幕府直属として隆盛した狂言の流儀。明治維新ののち、衰微し消滅。現在は、山口市や佐渡市の素人の団体で伝えている。

〈寝音曲〉シテ 太郎冠者（三世千作・左）
アド 主（四世千作・右）

三世 茂山千作（十一世 千五郎真一）

【しげやま・せんさく】
明治29年（1896）8月30日・生
昭和61年（1986）7月19日・歿
日本芸術院会員・人間国宝

千五郎家の十一世。十世千五郎（二世千作）の養嗣子《ようしし》、本名は真一である。生家は菓子商で、なんと実の祖父は和泉流狂言をたしなみ、実父も三宅惣三郎（三宅藤九郎家八世）と親交があったそうだ。しかし、真一は大蔵流の十世千五郎に望まれて茂山家の後継ぎになった。それも生まれ落ちるとすぐに貰われ、まったく実の子同然に育てられたので、26歳のとき母が亡くなって初めて自分が養子であることを知ったという。

子供のころは病弱だったが、厳しい稽古に耐え、明治34年（1901）に5歳で〈附子《ぶす》〉

のシテで初舞台を踏んだ。また、その前年に開設した東京・大曲《おおまがり》の観世舞台で〈猿座頭〉の猿もつとめている。そして同43年、14歳で〈三番三〉、大正7年（1918）、21歳で〈釣狐〉、翌8年、22歳で〈花子《はなご》〉を披《ひら》くというように、順調な階梯《かいてい》を踏みながら成長した。この間、9歳から20歳まで、謡は二世忠三郎良豊（三世忠三郎と善竹弥五郎の父）に習った。

　京都という土地柄もあるが、父の十世千五郎が信心深かったために、茂山家は寺院や神社への奉納というかたちで狂言を演ずる機会が、きわめて多かった。東西両本願寺の催能をはじめ、太秦《うずまさ》の広隆寺《こうりゅうじ》・伏見稲荷大社・伏見御香宮《ごこうのみや》神社・松尾大社、上賀茂神社・下鴨神社・上御霊神社・北野天満宮・今宮神社などである。とにかく「行かなんだのはキリスト教会だけです」（『狂言85年　茂山千作』）という。能舞台の有無とか、能と併演か狂言尽くしかなど、いろいろなケースがあったろうが、今のように能楽堂での催能が多くない時代に、寺社での奉納によって場数をたくさん踏むことができた。それに、能楽堂とはちがう観客の前で演じることで、開放的な、明るく楽しい芸が培われた面もあったと思われる。

■

　真一は終生、病弱だったから健康管理に努め、酒もタバコも呑まない規則正しい生活を送った。まじめで几帳面な人柄は、家の台本を全曲、新しく書き留めるという、大きな仕事に結実した。それまでは九世千五郎正甫《まさとら》が江戸の家元（二十世弥太郎虎文）から相伝した虎寛本の写しを使っていたが、実際の舞台は、上演するうちに、時代に合うように役者が少しずつ工夫を加えていったので、いきおい台本とはズレが生じてくる。そこで、現時点での定本を書き残さなければと、真一は考えた。昭和10年（1935）から書き始め、戦時中を経て、同46年まで35年間かけて、200番（現行曲182番と番外曲）を仕上げたというから、快挙である。三世千作の著『千五郎狂言咄』によれば、「暇があれば朝早くから、机に向かい筆先をなめながら書いていた。大戦が激しくなって、美濃紙が不足するようになっても、どこからか手に入れ書いていた」そうで、いかにも人柄が偲ばれる。台本は「六義」と名付けられ、茂山家では大切にしている。セリフはもちろん、それぞれの場面の動きの型についての説明、装束、小道具まで事細かに解説してある。今われわれが北川忠彦の校注で読むことができる茂山家の台本は、この真一本に拠っている。私も原本の十数番をコピーで見たことがあるが、それはそれは丁寧で緻密な書きぶりで、しかも達筆である。

昭和21年に十一世千五郎を襲名し、同32年から市民狂言会を企画し、42年からは茂山狂言会を発足させ、大曲、稀曲も含めて多くの狂言を意欲的に演じている。尤も、これは七五三《しめ》（後の十二世千五郎、四世千作）・千之丞という、すでに壮年に達し実力と人気を兼備した二人の息子に恵まれたからでもあった。

二人の息子といえば、昭和39年1月、日生劇場で武智《たけち》鉄二プロデュースの「寿大歌舞伎」があり、坂東鶴之助（後の五代目中村富十郎）の弁慶、市川雷蔵の富樫《とがし》、三代目市川猿之助（のちの二代目市川猿翁）の義経で「勧進帳」があり、それに七五三（四世千作）・千之丞兄弟は番卒の役で出たのである。兄弟はそれまでも多くの前衛的な仕事で世間を賑わせてきたが、表立って東京の真ん中で歌舞伎興行に出演するとあれば、旧体制の家元連も黙視できなかったのだろう。事前に能楽協会は兄弟に退会を勧告し、このとき三世千作は「私の監督不行き届きで、皆さんに御迷惑をおかけしたのなら、まず私を除名してほしい」と申し入れた。協会の勧告を取り次いだ金春信高・大蔵弥太郎もこれには困惑し、結局うやむやに終わった。『千五郎狂言咄』で四世千作は「普段は何も言わない親父が、毅然とした態度をとってくれたことを、本当にうれしく有難く思っています」と回想している。この点、七世観世銕之丞《てつのじょう》（雅雪）や六世野村万蔵にも似通った事情があったと想像される。観世寿夫《ひさお》・静夫（八世銕之亟）、四世野村万之丞（萬）・万作の両兄弟は、能楽協会から退会勧告を受けたことはないにせよ、茂山兄弟と同じく武智鉄二の仕事に関わったのをはじめとして、守旧派からは睨まれるような、数々の実験的な舞台に意欲を示していた。彼らの父、銕之丞と万蔵は、もとより自身は新作や他流試合をする気は毛頭なく、しかし、息子たちの活動には口出しせず、おのずからなる理解を示した。明治人の筋の通った気骨の表れだろう。

■

重要無形文化財保持者総合認定の演者で構成する日本能楽会という団体がある。会員は現在、五百名近くいる。しかし、これが発足した昭和32年、会員はわずか40名だった。今から思えば、限りなく各個認定の保持者（人間国宝）に近い。狂言からは、当然、茂山（のち善竹）弥五郎・山本東次郎（三世）・野村万蔵（六世）・三宅藤九郎（九世）の四人が入っていた。が、当時茂山千五郎だった三世千作はこのとき認定されていない。とかく東京に比べて関西の演者が過小評価されがちなのは、関西は弥五郎ひとりだけに対して東京は三人なのを見てもわかる。しかも千五郎のほうが東次郎・万蔵・藤九郎より年齢、芸歴とも上なのだが、ふしぎに軽く見られていたのだ。茂山家の狂言が、式楽的堅さを持たないこと、親しみやすい芸風であることが軽視につながったのかもしれない。

昭和40年（1965）の日本能楽会第二次認定の際は会員になったし、その後は遅ればせながら評価が上がり、三世千作襲名後は、同51年人間国宝、日本芸術院賞、そして万蔵歿後の54年に日本芸術院会員にもなった。

三世千作の狂言は、もちろん、文句なしにすぐれたものだった。善竹弥五郎が、その人間主義的な写実芸の持主であるがゆえに巨人であるとすれば、千作の芸はスケールが小さいかもしれない。しかし、両者の芸は、優劣の差ではなく、質の相違である。千作の芸は、同じ上方の写実芸ではあっても粘着質ではない。そこから野性味や土の匂いは感じられない。京都風の洗練を感じさせ、みやびで引き締まっている。

弥五郎の舞台よりは数多く見ているが、私が印象深く覚えているのは、たとえば瀟洒な紋服で舞った小舞〈通円〉の粋な姿。〈宗論《しゅうろん》〉の浄土僧。これがまた相手は不器用、無愛想この上ない高井則安〔註1〕の法華僧だったから、両者のコントラストは絶妙であった。千作の浄土がいいたい放題、したい放題を尽くしているのに対し、迷惑の限りといいたげな高井の憮然とした表情が今も目に浮かぶ。〈千鳥〉の野放図な明るさや、実生活で下戸《げこ》とは思われないほどの見事な〈素《す》袍《おう》落《おとし》〉の酔態も忘れられない。カン高い、しかもよく透る美声が、まったく耳障りでなく、相当にリアルな演技をしても嫌味にならない清潔感があった。

谷崎潤一郎に『月と狂言師』という小品がある。文豪が『細雪』擱筆後の昭和23年9月17日、南禅寺境内に住む三世千作の素人弟子「上田龍之助さん」の邸宅で、茂山一家（二世千作、三世千作、四世千作、千之丞）を招き、月見を兼ねた狂言と小舞の会に興じたことを描いている。

私たちは（中略）昨今は又狂言の千五郎氏をもひそかに贔屓にしているのであった。実際京都に住んでいると、すぐれた歌舞伎芝居はたまにしか見られず、と云って新劇や音楽会なども大阪までは来るけれども此処は素通りしてしまうので、見るに堪えるものと云っては結局能か狂言よりないのであるが、私たちはたび〳〵見に行くうちに能よりも狂言の方が、分けても千五郎氏の藝が好きになったのであった。もちろん先代の千五郎、今の千作翁は東西を通じての巨人であり、尊敬に値する人だけれども、何と云っても八十を越えた高齢なので、傷々しい感じがすることは免れず、その点千五郎氏は今が一番油が乗っているように見える。私の妻はあの何処かフレッド・アステアに似ている顔立ち迄が好きで、私が内々狂言小唄や小舞を習いたがっていることを知り、しきりに千五郎氏を招いて稽古するようにすゝめたりした。

文中の「千五郎」が三世千作。当時52歳である。その4年後、昭和27年、谷崎は千五郎のために狂言小舞〈細雪《ささめゆき》〉を書いた。かの名作中の平安神宮の花見の場面を作詞したもので、千之丞が節付、千五郎が型付して『大蔵流狂言小舞集』に収め、茂山家では大切に扱っている。この小舞は、もともと谷崎潤一郎、大谷光暢《こうちょう》[註2]、新村出《しんむらいづる》[註3]、吉井勇[註4]、十四世千宗室[註5]、須田国太郎[註6]という人々が発起人になってできた十一世千五郎後援会の公演で演じたのであった。このメンバーにはいないが、湯川秀樹も千作のファンであったと聞く。京都町衆の中から生まれ出た三世千作の狂言は、こういう文人たちにも愛されていたのである。

■ ■ ■

[註1] 高井則安　明治30年（1897）―昭和51年（1976）。大蔵流狂言師。初世山本東次郎の孫。

[註2] 大谷光暢　明治36年（1903）―平成5年（1993）。東本願寺第二十四代門主。真宗大谷派管長。

[註3] 新村出　明治9年（1876）―昭和42年（1967）。日本の言語学者、文献学者。京都大学名誉教授。『広辞苑』の編纂で知られる。

[註4] 吉井勇　明治19年（1886）―昭和35年（1960）。大正・昭和期の歌人、劇作家。

[註5] 十四世千宗室　明治26年（1893）―昭和39年（1964）。茶道裏千家家元。

[註6] 須田国太郎　明治24年（1891）―昭和36年（1961）。洋画家。

四世
茂山千作（十二世 千五郎七五三）

【しげやま・せんさく】
大正8年（1919）12月28日・生
平成25年（2013）5月23日・歿
文化勲章・日本芸術院会員・人間国宝

三世千作の長男である。大正8年12月28日、正月のしめ縄の飾り付けの日にちなみ七五三《しめ》と名づけられたそうである。長い間その本名を芸名としていたが、昭和41年（1966）、父が隠居名千作を、七五三は十二世千五郎を襲名した。さらに平成6年、長男正義に十三世千五郎の名を譲り、四世千作となった。

善竹弥五郎の項でものべたとおり、第二次大戦後は狂言が再認識され、めざましい活動を展開したが、四世千作はその総仕上げともいうべく、狂言界で最も恵まれ愛でられた人といえるのではないだろうか。いささか俗っぽい言い方をすると、平成19年に文化勲章を受章したのは慶賀すべきであるものの、能楽界では初世梅若万三郎（昭和21年）と喜多六平太（同28年）以来であり、野口兼資《かねすけ》も観世華雪《かせつ》も、近藤乾三も野村万蔵も、川崎九淵《きゅうえん》も幸祥光《こうよしみつ》も受けていないのだから驚くべきことであり、それだけ往時にくらべて狂言の地位が上がり、千作の知名度が高かったのである。

四世千作の芸を語るには、何といっても弟、千之丞とのコンビネーションを考えないわけにはいかない。兄弟というのは、どの家でも性格の違いが妙味を発揮するものだが、茂山兄弟ほど対照的なのも珍しい。一口でいえば、天性の役者といわれる千作に対して、千之丞は文筆や講演にも長けた知識人である。それぞれ個性の強い役者のことだから、単なる仲良し兄弟ではなかった。それでいて、終生、互いに相手を信じ、支え合っていた。資質が違いすぎるのがよかったのかもしれない。何にもせよ、戦後の狂言界に新風を巻き起こし活力を吹き込んだ役者として、茂山兄弟の名は、東京の野村兄弟とともに長く銘記されるだろう。

まず、武智《たけち》鉄二の製作・演出による一連の実験的な活動を見渡してみよう。

昭和29年11月、新橋演舞場で演じた「狂言様式による〈東は東〉」。これは狂言〈茶子味《ちゃさん》梅《ばい》〉を翻案した岩田豊雄の戯曲で、主役の伍運拙を七五三、妻ふくなを峰子、伯父の役を千之丞。この時は「能・狂言様式による〈夕鶴〉」も併演され、片山博太郎（幽雪）が主役のつうを無言で舞い、千之丞が与ひょう、万之丞が惣ど、万作が運ずを演じ、主役の謡と合唱を團伊玖磨が作曲し、声楽家たちが歌った。当時、七五三・千之丞は34歳と30歳、万之丞・万作は24歳と23歳。若い彼らが能楽以外のジャンルでも広く認められ、狂言自体の魅力が見直され、狂言役者の技術が高く評価されたのは、これが契機であった。

続いて昭和30年、やはり木下順二の作〈彦市ばなし〉を、彦市・千之丞、殿様・七五三、天狗の子・万作の配役で演じた。もともと劇団ぶどうの会初演のこの民話劇を、熊本弁のせりふも含め一字一句変えずにそのまま狂言の朗誦術と所作で演じた。翌年には殿様を万之丞が演じ、以後、茂山・野村両家のレパートリーになった。〈彦市ばなし〉は歌舞伎でもたびたび演じられているが、作者は「結局狂言の演目として定着しているようである」（岩波文庫『木下順二戯曲選Ⅱ』あとがき）と認めている。

同年12月、東京産経会館国際会議場での「円型劇場形式による創作劇の夕」は、三島由紀夫の近代能楽集〈綾の鼓〉を取り上げた。岩吉・櫻間道雄、華子・観世静夫、外交官金子・野村万之丞、学生戸山・茂山千之丞、藤間春之輔・茂山七五三、マダム・長岡輝子、事務員・岸田今日子という意表を衝く配役である。同時に観世寿夫・野村万作がシェーンベルクの〈月に憑かれたピエロ〉を演じた。

昭和31年12月、大阪朝日会館で歌舞伎「鳴神」。坂東鶴之助（中村富十郎）の鳴神上人、乙羽信子の絶間《たえま》姫に、七五三・千之丞は黒雲坊・白雲坊。同時に万之丞・万作による武者小路実篤の「仏陀と孫悟空」。翌32年4月には大阪の産経会館で芥川龍之介の「きりしとほろ上人伝」。国友忠・木村若衛の浪花節の語り、結城孫三郎一座の糸操りと共演して、七五三は山男レプロポスを演じた。

そして、前述の日生劇場「勧進帳」である。――これらのうち私は再演後の〈彦市ばなし〉だけを見ている。見ていないながら〈綾の鼓〉などは奇をてらいすぎた感が否めない。三島の『近代能楽集』は、正統なストレート・プレイとして演出されるのがふさわしいからである。しかし、その他については、改めて武智鉄二の発想と手腕に敬意を覚える。選ばれた作品と演者を見ただけでも、古典と現代、伝統と前衛の見事な結びつきが、観客の感動を惹き起こしたであろうと想像される。とりわけ茂山七五三の存在、その強靱な演技力がいかに効果的であったことか。武智演出ではないが昭和46年ごろ、テレビドラマの「甘口辛口」というのを見た。浪花千栄子《なにわちえこ》［註1］との共演で、京都を舞台に酒屋の主人の役。狂言の舞台よりも抑えた感じの演技だったが、とにかく他の演者との違和感が全くない。破天荒なまでに奔放で、たくましく、喜怒哀楽の表現がものすごく的確で鮮明に映る。能楽の世界を知らない人が見たら、こんな巧い俳優がいるのかと思ったに違いない。

■

さて、もちろん本業の狂言は、その自在でエネルギッシュな演技が、無類におもしろい。かつて「私には、俳画の境地のような狂言は一生できないと思うてます。小さい時からそう習うてますんでね」と、私に語ってくれたことがある。逆にいえば、いやおうなしに京都の風土に洗い上げられた柔らかみ、狂言のストーリーやテーマが生活の実感と一つになった芝居心から芸が滲み出ているということだろう。ただし、その醸し出す笑いは、単なる上方風のサービス精神や末梢神経をくすぐるていのものではない。メリハリの利いたせりふと、くっきりと思い切りのよい大きい演技は、伝統芸の強靱なデッサンと底力が基本になっている。具体例をいくつか挙げよう。

昭和46年（1971）12月、もう千五郎になっていたが、野村狂言の会で見た〈悪太郎〉。まだ則寿だった四世山本東次郎の僧が唱える「南無阿弥陀仏」に「やア?」と返事をする、この種のリアクションのおもしろさ、その表情と声音《こわね》、間の取り方は、誰も真似のできないおかしさである。

同47年9月、やはり野村狂言の会での〈鎌腹《かまばら》〉。もとより独演性の強い演目である。正義の妻、高井則安の仲裁人をよそにマイペースで、騒がしいくらいにオーバーな演技が愉快であった。

同54年7月、還暦祝賀会に京都で連続上演した〈釣狐〉を、東京の喜多能楽堂でも演じた。60歳とは思われぬ精力的で濃密な舞台だった。同年10月、野村万作の会で演じた〈宗論〉の浄土僧。法華僧は山本則直で、これほどまでに柔と剛が対照的に描かれた〈宗論〉も初めて見た。破天荒なまでのおかしみと、その基底に感じられるデッサンの確かさとが相まって興味津々であった。

同56年1月、橋の会の〈木六駄《きろくだ》〉と〈磁石《じしゃく》〉。ともに野村万之丞〈萬〉を相手に、〈木六駄〉は茶屋、〈磁石〉は人買いである。いわば脇に回って、それらしく相手の出方をよく見て、抑制の効いた演技だったが、まさに両シテともいうべく華やかな舞台だった。

同年秋には得意曲の〈素袍落《すおうおとし》〉で、主の善竹圭五郎、伯父の大蔵弥太郎〈弥右衛門〉と三人で芸術祭大賞を受賞した。〈素袍落〉は台本と演出自体、和泉流より大蔵流のほうがすぐれているので、このトリオの〈素袍落〉は以後、私の中でこの狂言の軌範となった。

昭和63年11月、国立能楽堂狂言の会での〈蛸〉も、千五郎の強い演技が功を奏した。というよりも、シテもワキの千之丞もまったく受け狙いをせずに、楷書の演技で押し通し、山本東次郎率いる地謡とも調和していた。舞狂言で、知的遊戯や舞歌の技法を意識させずに、喜劇的おかしみを直截に感じることができたのは、初めての経験だった。「づを吐いてぞ伏したりける」で、左足かけ安座して頭を下げ、立って次に右足抜き左足かけ、また安座して頭を下げるという型付も秀逸であった。

飛んで、平成10年（1998）11月、78歳を迎えた四世千作は、国立能楽堂狂言の会で〈枕物狂《まくらものぐるい》〉を直面《ひためん》で演じた。高齢になると面をかける役をあえて直面で演ずるのは能によくある例だが、祖父《おおじ》の面をつけない〈枕物狂〉は前例を聞かない。私はこのとき見落としたのだが、平成15年、84歳でこれを再演したとき初めて見て、驚いた。素顔がまことに自然で、老人の恋を実感籠めて語りながら生々しくならないのは、さすがに年の劫でもあった。尤もこれには千作自身に前例があって、平成5年、能の番外曲〈護法《ごおう》〉を梅若六郎玄祥が復曲した時、まだ千五郎時代だが、姥の面をかけるはずの名取の嫗《おうな》という老女の役を直面で演じて成功したのだった。

このように古典も新作も、行くとして可ならざるは無しであったが、平成6年に日本経

済新聞に連載した「私の履歴書」の24回目に興味深い一節を発見したので、最後にそれを紹介する。曰く、

　　別の芸能に触れたことによって、だらだら演じないで、狂言全体のポイントをつかんでメリハリを効かすようになったと思う。

そうなのである。どんな名曲でも、どんな名人上手でも、失敗作、出来の悪いときがある。それはほとんどの場合、冗長、冗漫に陥った時である。四世千作の舞台が、大胆であっても破天荒であっても、いつも引き締まって快いのは、「だらだら演じないで」、「ポイントをつかんでメリハリを効か」せていたからなのであった。それを千作は「別の芸能に触れたことによって」獲得したという。もちろんそればかりではなく長年の修業のなせるわざに違いないが、観客の心を摑むためには、あらゆる工夫と努力を惜しまなかったのだろう。

■　■　■

［註1］浪花千栄子　明治40年（1907）—昭和48年（1973）。女優。大塚製薬・オロナイン軟膏のCMに出演。

囃子方

笛　一噌流　森田流　藤田流

小鼓　幸流　幸清流　観世流　大倉流

大鼓　葛野流　高安流　石井流　大倉流　観世流

太鼓　観世流　金春流

《葛野流大鼓方》 川崎九淵

【かわさき・きゅうえん】
明治7年（1874）3月30日・生
昭和36年（1961）1月24日・歿
日本芸術院会員・人間国宝

四国・松山といえば夏目漱石の『坊っちゃん』で有名だが、能楽にもゆかりが深い。松山市は、喜多流の金子亀五郎、脇宝生の宝生弥一、幸清《こうせい》流小鼓の森重朗《じゅうろう》（明治33年・1900—昭和59年・1984）、大蔵流狂言の古川七郎（大正4年・1915—平成11年・1999）らの能楽師を輩出している。能楽振興に尽くした池内信嘉《いけのうちのぶよし》（安政5年・1858—昭和9年・1934）とその実弟高浜虚子も松山出身である。そして、もっとも大きな存在は葛野《かどの》流大鼓の川崎九淵である。能の囃子方では、次にのべる小鼓の幸祥光《こうよしみつ》と空前絶後の名コンビであり、祥光が天才なら、九淵は巨人であるといえるだろう。

川崎九淵は明治7年に松山市魚町で生まれた。本名は利吉である。高浜虚子とは小学校の同級生だった。幼時から喜多流の謡を高橋節之助に習い、12、13歳から葛野流大鼓を東正親に習い始めた。松山では、春秋に藩主を祀った東雲神社で二日続きの奉納能があり、人々の楽しみだった。利吉は14歳の時に、その神能《じんのう》で〈高砂〉〈野守〉〈蟻通〉〈熊坂〉の大鼓を打っている。

明治32年(1899)、26歳のとき池内信嘉の勧めで上京、本所相生町に居住していた津村又喜《またき》に入門し、同年〈西王母《せいおうぼ》〉で東京の初舞台を踏んだ。師の稽古は厳格だったが、利吉も早くから抜群の技量を見せた。あるとき津村の打つ〈巴《ともえ》〉の後見《こうけん》をしていて、ハタと感得するものがあり芸の真髄を悟ったという。松山で自分が携わってきた芸とは格段の違いのあることに気がついたのだ。ところが、入門わずか一年あまり、同33年9月に津村は病歿する。やむを得ず独立し、素人の稽古をしながら舞台もつとめた。その間、十六世宝《ほう》生九郎知栄《しょうくろうともはる》、小鼓の三須錦吾、太鼓の観世元規《もとき》(弘化2年・1845—大正13年・1924)に教えを受けながら、大鼓は独力で技を磨いた。明治35年5月に、宝生九郎知栄〈卒都婆小《そとば》町〉と梅若万三郎〈道成寺〉を続けて打っているから、シテ方からの評価のほどが分かる。

生活のため、上京当初は逓信省《ていしん》に勤務していたが、芸事に専心できるように池内信嘉が援助し、その主宰する囃子方養成事業に協力させた。幸祥光との共演は700回に及ぶという、明治・大正・昭和の主だった能の囃子は、この二人で舞台を飾った。

戦時中は秋田に疎開したが、戦後の昭和21年（1946）、武智《たけち》鉄二の斡旋で京都に移住し、以後、九淵と名のった。「九淵」の「九」は「陽の極数を表すめでたい数」、「淵」は「深く静かな鼓声」の意で、門人の漢学者がつけた号である。生活難の「喰えん」をもじった洒落であるという滝井孝作の唱えた説は、まったくの俗説、誤伝であった。

京都では武智鉄二の木屋町の持ち家を提供され、二階に九淵、階下には豊竹山城少掾《とよたけやましろのしょうじょう》［註1］が住んでいた。「二階の川崎というやかましい爺さん、あれ何者や」「下の山城とかいう爺い、あれは何をする人だ」といい合っていたそうだ。

昭和25年、葛野流宗家預りの任務につく。同28年には囃子方で初の日本芸術院会員となり、30年、喜多六平太・幸祥光とともに最初の人間国宝認定を受ける。翌年には引退を表明、その披露能で「無謡一調」を演奏、以後、能楽三役養成会の主席講師をつとめた。昭和36年1月24日、老衰のため逝去、行年86歳だった。

■

明治44年（1911）8月から9月にかけて「時事新報」は「能楽師評判記」という連載

無謡一調

記事を載せ、「川崎利吉」について次のように論評している。

彼の大鼓の腕に至ては既に世に定評ある如く、殆ど今の天下に匹儔を見ざる名手である。其革の調子、其手の操作、其声の気合、あらゆる点に於て何人にも一歩も輸する処はない。某古老曰く、川崎の芸は既に旧師津村又喜を遙に凌駕し、彼の古名人石井一斎の塁を終に越えれりと。以て知るべきである。

もう一つ昭和に入ってからの高浜虚子の能評も引いておきたい。昭和9年（1934）11月4日の「東京日日新聞」である。

この間宝生会能楽堂で下掛宝生会の演能があつた時に、梅若万三郎、宝生新両氏の「井筒」を見た。脇、シテとも、その謡の自由な——埒を脱するといふではなく——ところが面白かつた。クセは川崎利吉氏の大、幸悟朗氏の小で覚えず耳を欹てしめるものがあつた。「心の水もそこひなく」のところの大ノサソウミツヂ、小のツヅケの具合など忘れられない。序にクリ地になるところの地の頭も大変によく利いたやうに思ふ。

明治44年の記事からは、九淵が上京してまだ12年、37歳にして名人大家と目されていたことが分かるし、昭和9年の評からはシテもワキも囃子も超弩級揃い、スケールの大きい舞台の空気が伝わってくる。

九淵の芸風については「重厚峻厳」「秋霜烈日」という評語が通り相場になっている。そこからはいかにも大鼓らしく強く鋭い音の響きが想像されるが、録音などで聴くと、それにとどまらない深く柔らかい音色も感じられる。分析的にいうと、重さと軽み、厚みと鋭さが兼ね備わっていて、二人の高弟、吉見嘉樹には重さと厚み、亀井俊雄には軽みと鋭さが継承されたと、横道萬里雄《よこみちまりお》や大河内俊輝は指摘する。やはり巨人だったのである。

九淵はまた読書家、理論家であり、文筆家であった。『論語』『老子』『史記』などの漢籍はもとより、若いころは『虚栄の市』『デカメロン』などの翻訳小説も読んだ。後年、雑誌「能」昭和28年5月号の「芸道七十年」というインタビュー記事で「読書は時々やります。昔は中央公論や改造を読んで政治を論じた事もありますが、昨今の政治ときたら、まるで政治屋の取引きみたいでさつぱり面白くない。共産党も一応筋の通つた事を云うが、スターリンの政策などなかなか横暴なところがあるじゃありませんか」と語っているとおりの論客である。著述活動は明治38年9月から43年8月まで雑誌「能楽」に「地拍子研究」を連載したことに始まる。大正14年には『葛野流大鼓手附』全五冊を刊行する。謡の地拍子と囃子との関係を理論的に解明した、いいかえれば、能の音楽理論を近代的に分析したもので、いま読んでも体系的に平明に書かれていることに驚く。もちろん自ら執筆したもので、筆録者がいたわけではない。それどころか、能の技法研究では先駆者であって、大正期の山崎楽堂も昭和期の横道萬里雄も、九淵の著書・論考に学んだのである。

九淵の人柄、その生き方にも触れなくてはならない。硬骨漢であり戦う人であったから、つねに直言、闘争を拒まなかった。高名なシテ方にも容赦なく「拍子をはずした」と批判し、戦時中に生活を支えてくれた恩人武智鉄二に対しても「伝統破壊」の活動ゆえに背を向けた。能の歌舞伎座出演も、芸術院入りの運動に躍起となった演者との共演も拒否した。近代の能楽史は、シテ方に対する三役の出演料値上げ要求の歴史でもあるが、九淵はこの運動に深く関わっていた。囃子方の待遇改善のために先頭に立ったが、本人は一生、清貧に甘んじて生涯を終えた。

■ ■ ■

［註1］豊竹山城少掾　明治11年（1878）—昭和42年（1967）。は明治・大正・昭和にかけて活躍した、文楽の義太夫節大夫。文化功労者・日本芸術院会員・人間国宝。

《幸流小鼓方》

幸祥光

【こう・よしみつ】
明治25年（1892）11月16日・生
昭和52年（1977）4月6日・歿
日本芸術院会員・人間国宝

幸祥光。正式な読みは「こう・よしみつ」だが、一般には「こう・しょうこう」という音読みのほうがなじみ深いし、すっきりしている。明治・大正・昭和の三代通して畏敬を集めた、小鼓方幸流十六世宗家である。

幸流小鼓も、ご多分に漏れず、明治維新後の一時期、宗家が中絶し流内に争いや混乱が生じた。すなわち、十四世五郎次郎正孚《まさかつ》が慶応3年（1867）に歿したあと、四郎次郎正員《まさかず》（正孚の長男）と清六正敦（正孚の甥）と両派に分かれて反目した。しかし両者とも明治10年（1877）ごろには斯道を離れてしまう。この間、十四世正孚の有力な弟子家が芸事取締に当たったが、中でも伝承をつなぐために枢軸となったのは、豊後竹田藩の江戸詰小鼓方の三須錦吾《みすきんご》（天保3年・1832―明治43年・1910）である。幼少から十四世正孚の手もとでわが子のように愛され、秀才の誉れがあった。

錦吾には一子で後継者、三須平司がいたが、肝腎の修業盛りに維新当時の生活の苦労が重なり充分に稽古をつけられなかったのが心残りだった。何とか孫には芸に適当な者をと心がけているところへ目にとまったのが、一人の少年である。きっかけは、下谷・二長町の錦吾の家の前を、毎日、小学校へ通うある男の子が棒きれで拍子を取りながら唱歌を歌っている、そのリズム感に惚れ込んだという説と、錦吾の稽古を学校の帰りがけに毎日のぞいている男の子がいるので、「あの子はよほど鼓が好きらしい」と見込んだという説がある。両方が事実かもしれない。とにかくその少年を平司の子としてもらい受けた。それが神谷五郎、のちの幸祥光である。明治25年に三須家と同じ二長町に生まれた。実父、神谷直方は京都出身の士族で、観世流の謡をたしなんでいた。五郎はその五男だった。三須家の養子に入ったのは同35年、10歳の時である。

養父と養祖父がみっちり教育した成果は、充分に稔った。三須五郎は、思ったとおり天分を発揮し、短い月日の内に異常なほどの上達をとげた。小鼓のほかに、謡を野口兼資《かねすけ》、

一調

十六世宝生九郎知栄《ともはる》、太鼓を増見仙太郎（二十二世金春惣右衛門の祖父）、大鼓を川崎九淵に習った。

早くも2年後、明治37年（1904）1月、それも宝生九郎知栄の〈田村〉で能の初舞台をつとめ、俊才をめでられる。時の幸清《こうせい》流十二世宗家清次郎（現、清次郎の曾祖父）は感激屋だったらしいが、五郎の打つ鼓を聴いて「ああ幸流もいいご養子を貰われたな、幸流も万々歳だ」といって涙を流したという。宝生九郎はもともと三須錦吾の芸も人物も気に入っていて、平司、五郎と三代にわたって庇護し、とりわけ五郎の幼時からその芸を認め、ほとんど内弟子同様に可愛がっていた。

明治38年1月には、初世梅若実〈高砂《たかさご》〉の相手もしている。共演の笛は藤田多賀蔵（大五郎の父）、太鼓は増見仙太郎（嘉永3年・1850―大正5年・1916）だというから古い。

明治45年4月には、富士見町の細川家舞台で〈道成寺〉を披《ひら》いた。シテも披きの櫻間金太郎（弓川《きゅうせん》）である。そして同年6月、衆目の見るところ宗家として恥ずかしからぬ技量に進んだとされ、弱冠20歳で、シテ方、三役各流家元の賛同を得て、幸流小鼓の十六世宗家を継承し幸五郎（のち悟朗、そして祥光）を名のる。

川崎九淵の項でも引用した『能楽師評判記』は「幸五郎と吉見嘉樹《よしき》」の項で、次のようにのべている。

小鼓方稀有の天才幸五郎の技倆は、茲に贅する迄もない。彼れ未だ幼少の頃、不思議の機会で故三須錦吾に掘出された一条も遍く人の知る所であらう。彼の今日の芸は既に普通の進路を過ぎ越して、漸く醇熟の期に入らんとして居る。年を問へば漸く十九。洋々たる其前途は芸道の上達、彼が欲する侭に与へられて居るのである。資性亦温厚篤実、さながら己の高き技能をさへ自覚せざるものの如し。是れ実に名人の素質を裏書するものではないか。唯だ危惧すべきはその健康の一事のみ。此の如きの五郎に対して優に相当る者には、今日唯だ一人の大鼓方川崎利吉が居る。然し年齢の差といひ経験の差といひ、此両人を以て未だ最適の取組とするを得ない。されば五郎の対手として引離す事の出来ない者は、川崎の秘蔵弟子たる吉見嘉樹の外にはない。彼は天賦の才に於て五郎に及ばざるを遺憾とすべきも、其勤勉、其熱心、其誠実は、過去現在未来を貫いて五郎に角力ふべく現はれた少年である。

上には上があるもので、後年、川崎利吉（九淵）と幸祥光は名コンビをうたわれるのだが、明治44年当時、18歳も年長の九淵とは対等ではなかった。一方の吉見嘉樹は幸祥光の1歳下、まさに互角の少年同士だった。後年、九淵歿後は葛野流宗家預りになり、大鼓では亀井俊雄・安福春雄・瀬尾乃武《のりたけ》という人間国宝に先んじて名人とされた人である。それが「天賦の才に於て五郎に及ばざるを遺憾」と書かれてしまうのは、要するに幸祥光が天才過ぎたからだろう。

幸祥光の芸がどのようにすぐれていたかを、言葉で説明するのは私のよくするところではない。誰もが口をそろえていうことは、音色の美しさと間の確かさは比類ないこと、掛け声がすばらしい音楽的効果をあげていること、その微妙精細なリズムは他流他役の演者にも最高の指針となったこと、百年にひとり現れるかどうか分からぬ名人であること等々である。小鼓には口唱譜で「チ・タ・プ・ポ」と呼び慣わす四種の音色があるが、幸祥光の演奏では、最も小さい「チ」の音、いわばピアニシモが美しく響くことは、私もよく覚えている。またあるとき観世寿夫《ひさお》が「幸先生のお相手で一調を謡ったのは、宝生流以外では、僕がいちばん多いと思う」といったことがある。九郎知栄に始まり野口兼資、近藤乾三……の人々がいる宝生は別格としてという意味だろう。幸祥光は、あの謡の巧い観世寿夫が尊敬して無邪気に共演を誇る相手だったのである。

門人は多いが、長男、幸正影《まさかげ》（大正13年・1924—平成7年・1995）が十七世宗家を継いだ。また、分家筋の幸宣佳《のぶよし》（明治29年・1896—昭和52年・1977）は師の祥光に比肩する名人と評価され、京都の名門、曽和博朗《そわひろし》（大正14年・1925―平成27年・2015）は祖父・初世曽和鼓堂、父・脩吉に次いで祥光にも師事して、二人とも人間国宝になっている。

《一噌流笛方》

藤田大五郎

【ふじた・だいごろう】
大正4年（1915）11月30日・生
平成20年（2008）11月15日・歿
文化功労者・日本芸術院会員・人間国宝

笛方には現在、一噌《いっそう》・森田・藤田の三流がある。このうち藤田流は、藤田六郎兵衛《ろくろびょうえ》が今のように大きな存在になる前、国立能楽堂もできる前は、ほとんど名古屋でしか活動していなかったので、私などが知っている昭和40年前後の東京の笛方は、一噌流の一噌正之助《しょうのすけ》、藤田大五郎、一噌幸政、一噌仙幸《ひさゆき》、一噌庸二《ようじ》、森田流の寺井政数、寺井啓之《ひろゆき》、田中一次《いちじ》、中谷明、寺井三千丸といった面々である。関西に森田流の杉市太郎、野口伝之輔、森田光《みつ》風《かぜ》、森田光春という人たちがいることだけは知っていた。

この中で藤田大五郎が冠絶した存在であることは、疑いを容れないところだろう。

藤田大五郎は東京生まれだが、父の藤田多賀蔵《たがぞう》（安政元年・1854—昭和4年・1929）の代までは、金沢で縫箔業を営むかたわら前田藩抱えの笛方町役者の家だった。元禄期から続く旧家で、多賀蔵は八世だった。同じく前田藩の狂言方町役者の五世野村万造（初世萬斎／文久2年・1862—昭和13年・1938）とは親密な間柄だったらしい。明治14年（1881）に上京し、芝能楽堂の舞台披《びら》きにも出演したが、東京に定住したのは明治30年以降で、それからは東京の各舞台で活躍している。十六世宝生九郎知栄《ともはる》の愛顧を受けた。

大五郎は父が東京に定住して10年ほど経た大正4年（1915）、上野で生まれた。時に父多賀蔵《たがぞう》は61歳だった。大五郎は幼時から父に稽古を受けていたが、大正15年、11歳の時から家元の一噌又六郎に師事することになった。当時は博多黒田藩抱えの杉山立枝《たつえ》（安政4年・1857—昭和7年・1932）、熊本細川藩抱えの島田巳久馬《みくま》（明治22年・1889—昭和29年・1954）という笛の名手も上京していて、それぞれの特徴を持ちながら一噌流として一家をなしていた。金沢仕込みの藤田多賀蔵と江戸っ子で家元の一噌又六郎もそれぞれの芸風と主張があった。又六郎へ稽古に行った初めは中ノ舞だったので、前に父から習って知っているとおりに吹くと、又六郎にいちいち細かく直される。困惑した大五郎は、その次の稽古からは何も知らないことにして、師匠の吹く通りを習得すべく努めた。実際はすでに知っていることを師の教えに従って修正する程度なので、進歩が早い。覚えがよいと可愛がられた。能力も高く要領もよかったのであろう。

早くも十代から二十代にかけて、逸材出現とささやかれたようである。高浜虚子が「東京日日新聞」に寄せた能評に見ると、「松本謙三氏の『張良』を見たが面白かつた。（中略）藤田大五郎氏の大ベシの笛、成程大ベシとは斯るものかと合点せしめた程爽快なものであつた」（昭和9年12月4日）、また「梅若万三郎氏の『望月』は前半だけ見て帰らねばならぬ時間になつたのであつた。先づその幕内調べに耳を傾けてをつたのであるが、笛の藤田大五郎氏の強い呼吸の吹込み工合をたのもしく思つた。大五郎氏の如き天分の豊な人が能楽界に出て来たといふことは何となくたのもしい心持がするのである」（昭和10年7月17日）とある。19歳、20歳でこんな絶讃の的になっているのである。

昭和4年（1929）、父多賀蔵は75歳で他界する。大五郎のその後の歩みを見ると、若いのに相当な曲を、それも名人大家を相手につとめているのが分かり、驚くばかりだ。昭和6年16歳の〈翁〉（近藤乾三）をはじめとして、同9年19歳〈安宅延年之舞〉（宝生重英）、昭和10年20歳〈道成寺〉（観世華雪《かせつ》）、同19年29歳〈鸚鵡小町〉（野口兼資）と、ここまでは戦前の青年期。戦後も同20年30歳で〈鷺白式〉（観世華雪）、同24年〈清経音取《ねとり》〉（宝生英雄）、同30年、

愛用の名管「一文字」を吹く

40歳〈弱法師《よろぼし》双調之舞〉（宝生九郎）・〈姨捨《おばすて》〉（嶋沢啓次）・〈関寺小町〉（櫻間《さくらま》弓川《きゅうせん》）と、大曲秘曲が並んだ。師父に先立たれたからとはいえ、戦後に至るまで何人も笛方の先輩がいたのに、その人たちをしのいで、親子ほど年の離れた川崎九淵、幸祥光、柿本豊次、亀井俊雄という強者たちと互角の名人になっていた。

一噌流宗家は師の十二世又六郎が昭和13年に亡くなったあと、観世流シテ方武田宗治郎の次男が養嗣子《ようしし》として一噌鍈二を名のり十三世を継承したが太平洋戦争で戦死した。以後は流内長老の、大五郎よりはるかに年長の名手島田巳久馬および分家筋の一噌正之助が宗家代理を務めていた。

しかし、笛方の人間国宝は藤田大五郎の前にはいない。認定されたのは昭和46年、56歳だから異例に若かったはずだが、誰もそうは思わなかった。

また、芸術祭の受賞も今より格段に名誉の重みがあった。しかもまだ囃子方が注目されることが少なかった昭和30年代に、〈井筒〉（梅若実）と〈松風見留〉（粟谷益二郎）で奨励賞、〈松風〉（観世寿夫《ひさお》）で幸祥光・安福春雄とともに優秀賞、〈鷺〉（二世梅若万三郎）で大賞を受賞しているのも輝かしい実績である。〈鷺〉については「氏の笛は、常に格調の高さと美しさを示しているところであるが、今回の『鷺』においては、無垢なる鳥の躍動する生命観と清浄の気を舞台いっぱいにみなぎらせ極度の美しさを生んだ」というのが受賞理由である。

■

能は、次第のヒシギ、または名ノリ笛、特に重ければ音取《ねとり》、いずれにせよ何の曲でもつねに笛の演奏から始まる。そこから能の世界と雰囲気が醸成されてゆく。そして、中ノ舞、序ノ舞などの舞事では打楽器に先んじてリズムをつかさどり、謡事では要所々々にアシライを吹き込むことで、一曲を構築する。

大五郎の笛は、たぐいまれな美しさの中に力強さを秘め、格調と透明感のある響きが特長である。それは、単に技術的に優れているというレベルとは話が違う。笛の音に乗って、曲ごとの演劇性と音楽性が統一感をもって響きわたる。若手、中堅ならもちろん、相当な名手のシテも、大五郎の笛に高められて好演をなしとげ得た事例は数々ある。

謹厳な人柄、端正な舞台姿と相まって、規矩正しさと深い精神性を持してきたが、老境に至ってなお艶麗さを加えていた。翁付き脇能の長時間舞台をつとめる日の朝には、腹持ちがする餅を食う習わしで、〈姨捨〉のような大曲を奏する日は朝からステーキが食卓に並んだという。

伝統芸能に限らず、マン・トゥー・マンの師伝によって技能を伝承する世界では、かつてスパルタ教育がつきものだった。戦後民主主義の時代を経て、それも緩和されているのが現状だと思うが、藤田大五郎の場合、何の容赦も妥協もない伝統派であった。玄人弟子への厳しさ、恐ろしさを物語るエピソードには事欠かない。戦後の一噌流は、島田巳久馬が29年に先立った後は、藤田大五郎と一噌正之助だけだったから、大五郎は一噌幸政、一噌仙幸《ひさゆき》、一噌庸二の三人を猛特訓した。幸政は一噌又六郎の孫、仙幸は正之助《しょうのすけ》の次男、庸二は鉄二の遺児である。その甲斐あって三人とも名手となり、幸政は早世したが、仙幸は大五郎亡きあと人間国宝に認定された。ついで長男の朝太郎、次男の次郎もその薫陶を受けた。われわれが見る優しい温顔とは別人のような怖さであるらしく、笛方でなくとも、教えを受けた能楽師で畏怖、畏敬の念を口にしない者はない。それは、自己の信ずる正しい伝承への責任感のなせるわざであったに違いない。

《金春流太鼓方》

二十二世 金春惣右衛門

【こんぱる・そうえもん】
大正13年(1924)9月22日・生
平成26年(2014)3月11日・歿
日本芸術院会員・人間国宝

明治以後の能楽界では、少なからぬ流儀の宗家が、断絶したり中絶したりしているが、後継者を得て再興を遂げた流儀も多い。太鼓方金春流もその例にもれない。明治維新直後の十八世惣次郎国順と十九世泰三は、ともに大鼓方高安《たかやす》流から養子に入った人で、ことに十九世泰三は養家の芸を継がず高安亀叟を名のり大鼓に専念してしまった。そこで、明治初期の能楽衰微期に活躍していた太鼓方の第一人者川井彦兵衛が浮上してくる。川井彦兵衛の女婿、増見仙太郎が金春流太鼓の家芸を託されたのである。増見仙太郎は熊本細川藩の能役者で金春流太鼓方。元来器用な質だったところへ、上京後は川井彦兵衛の薫陶をうけて熟達し、川井彦兵衛が明治20年（1887）、泰三（高安亀叟）が同36年に歿して後は金春流太鼓を代表する存在となった。そして、大正5年（1916）、中絶していた宗家を、仙太郎の長男、林太郎が再興、川井彦兵衛に二十世を追贈して、二十一世を継承した。芸名はしばらく金春林太郎だったが、昭和6年（1931）に惣右衛門国泰を襲名した。太鼓方金春流は、慶長年間の五世彦三郎長詰（観世小次郎信光の孫）がのちに川井惣右衛門と名のって以来、代々惣右衛門を名のることが多く、惣右衛門流の別称があったくらいである。

櫻間金太郎（弓川《きゅうせん》）の映画「葵上」に一噌又六郎・幸祥光《こうよしみつ》・吉見嘉樹とともに出演していたのは、この二十一世。本稿で論じるのは、その子、二十二世惣右衛門国長である。

世代的に川崎九淵《きゅうえん》や幸祥光と並ぶ太鼓方の名人は父の二十一世であり、その高弟・柿本豊次《とよじ》なのだが、あえて若い二十二世を取り上げるのは、第二次大戦後、太鼓方としては観世元信と両雄相まって、半世紀以上にわたり颯爽と囃子界をリードしてきた、まさに昭和の名人と呼ぶにふさわしい演奏家だからである。シテ方の観世寿夫《ひさお》や粟谷菊生《きくお》と伴走してきた、戦後能楽界の旗手でもある。■

二十二世金春惣右衛門は大正13年、二十一世金春惣右衛門国泰の長男として生まれた。

〈朝長 懺法〉

初名は惣一である。東京は麴町区富士見町（今の千代田区三番町）に生まれ育ち、近所に櫻間《さくらま》弓川《きゅうせん》、粟谷益二郎もいて、櫻間金太郎（龍馬）や粟谷菊生は竹馬の友である。二十二世宗家を嗣いだのは必然であり宿命であるのだが、少年時代（旧制暁星中学在学中）は父の跡を継ぐ気がなく、科学者志望だったそうである。ところが大学を受験することになっていた昭和17年2月、父が45歳の若さで肺炎のために急逝した。即座に二十二世を継承することになり、進路も変えて、東京音楽学校（現、東京藝術大学音楽学部）邦楽科に入学した。もちろん能の専修コースで謡や囃子を稽古したのだが、必修科目でピアノや作曲も学んだ。

跡を継ぐ気がなかったとはいえ、太鼓の稽古そのものは、すでに6歳から積み上げ、基礎は充分にできていた。父が亡くなる二週間前に、一つ年下の観世寿夫《ひさお》〈石橋《しゃっきょう》〉で獅子を披《ひら》いた。昭和19年、学徒出陣のため繰り上げ卒業になり、久里浜の機雷学校に入り、特殊潜航艇の隊長になった。敵の潜水艦を音波探知機で見つけ、それをブラウン管に写し出すことをしていたという。好きな機械いじりが、そんなところに生かされた。

復員して後は、笛の藤田大五郎・島田巳久馬《みくま》、寺井政数、小鼓の幸祥光、北村一郎、大鼓の川崎九淵・亀井俊雄・安福春雄といった、錚々たる先輩囃子方と共演を重ねることで、芸を磨き仕上げていった。音楽学校には父の高弟・柿本豊次も出講していたが、あえてその授業は受けなかった。家元としての素直で大きな芸を自得すべきであるという、先輩たちの助言に従ったためだそうだ。その独学の功が稔って、父に劣らぬ名手になったと誰もが認めるに至った。同29年、惣右衛門国長を襲名した。

惣右衛門の太鼓は、先ず第一に掛け声がすばらしい。囃子の演奏では掛け声が第一であるとよくいわれるが、そのことをよく分からせてくれる。張りのある掛け声が、抜群のノリのよさを生んでいる。どんな曲でも、後シテ登場の出端を打ち出すと、わくわくしてくる。そして的確で自在な撥《ばち》さばきで、後場の演出家よろしく全体を統率しリードしてゆく。

理科的頭脳の持ち主らしく、能の囃子を理論的に解明し啓蒙した点では第一人者である。私は、昭和55年から数年間、雑誌「梅若」誌上で「能の音楽性」と題して惣右衛門と梅若六郎（玄祥）の二人から話を聞く司会役を務めたことがあるが、惣右衛門が能楽用語を説明する時、あえて「パウゼ（休止符）」とか「レシタティーブ（叙唱）」とか「カデンツァ（終止形）」のような洋楽の用語を出したり、「打楽器的和声を構成する要因が掛ケ声にある」とか「打切というのは、歌劇としての音楽的・舞踊的あらゆる要素が一瞬停止して、その空間を楽しむといった感じ」といったり、狭い術語に閉じ込めるのでなく一般的、普遍的な世界に置き換えようとする姿勢があった。

理論面で特筆すべき功績は、昭和28年に著した『金春流太鼓全書』である。これには当時能楽書林の嘱託であった横道萬里雄《よこみちまりお》の協力が大きく関与しているが、金春流太鼓の手組、手配りを分析的に記し、謡事《うたいごと》、舞事《まいごと》の手付（譜本）を小書《こがき》まで含めてすべて収録した、画期的な著述となった。実技習得のための教本なのだが、きわめて科学的、体系的に示されているので、太鼓を習うか否かを問わず、能の囃子そのものを理解し把握するためには、実技者にも研究者にも、必読の書になっている。

増田正造と協同監修で作成したレコード『能楽囃子体系』、『観世流舞の囃子』は、囃子方総出演のもとに囃子事を網羅したもので、能楽愛好者に囃子に対する専門的な認識を深めさせる働きをした。能界でもっとも早くワープロ（専用機もパソコンも）を使い始めた人でもあり、国立能楽堂研修生のための教本も、相手役の笛や大小の流儀ごとに、続々と作成した。

また戦後いち早く昭和23年、「田園の驟雨」という能の囃子の器楽曲を作曲し、藤田大五郎・幸円次郎・安福春雄とともに演奏した。在来の手組をアレンジしたものではあるが、新鮮な響きをもった描写音楽である。新作能や復曲能の作調は、戦時中の〈忠霊《ちゅうれい》〉〈皇軍《みいくさ》艦《ぶね》〉〈義経〉などに始まり、土岐善麿《ときぜんまろ》・喜多実の一連の新作能、横道萬里雄の〈鷹の泉〉〈鷹姫〉、さらに梅若六郎玄祥の〈谷行《たにこう》〉〈大般若〉、大槻文蔵の〈鵜羽《うのは》〉などに及ぶ多彩さである。

古参の弟子に三島元太郎（入れ替わりに人間国宝になった）、松本章、佐藤宮子、若い世代では長男の金春国和（惜しくも父のあとを追うように早世した）をはじめ吉谷潔、桜井均と、多くの逸材を能界に送り出した。

おわりに

昭和は、だれも知るとおり、60余年の長きにわたった。しかも本書中でも触れたように、昭和の時代に能と狂言は豊かな花を咲かせた。だから、昭和の能楽師、約三十人の名人を選び出すのは、容易なことではなかった。もっともっと名人はいるからである。公正を失することになるのは覚悟の上で、仕事を進めた。

最初に登場する初世梅若万三郎は明治元年の生まれで、すでに明治年間に老女物も舞っているベテランだった。しかし、亡くなる直前の昭和21年（1946）まで現役だった。松本長は万三郎より10歳若いが、10年早く昭和10年には亡くなっているから、昭和の活躍期が短すぎる。しかし、野口兼資《かねすけ》と並び称されるこの人を除外することはできない。そう考えてこれらの人を上限とし、昭和年間に活躍した能楽師を三十三人選んだ。まず客観的な基準の根拠としたのは、戦後の場合、重要無形文化財保持者各個認定（いわゆる人間国宝）であり、人間国宝は故人に限り必ず取りあげた。それ以外のたとえば日本芸術院会員などの場合は参考にはしたが、絶対条件にはしていない。逆に、人間国宝でもなく何の栄誉に浴していない人でも取りあげたのは、三世山本東次郎、友枝喜久夫《ともえだきくお》、観世寿夫《ひさお》の三人で、その理由はおのずから明らかだろうと思う。

また、この新書の『昭和の歌舞伎 名優列伝』にならい、俳優に相当する立方《たちかた》、それもシテ方と狂言方を中心に論じることになった。ワキ方を一人、囃子方を四人に限ったのは、不公平のそしりを免れないこと承知の上である。

ここで取り上げた能楽師は三十三人。このうち、梅若万三郎、梅若実、観世華雪《かせつ》、松本長《ながし》、野口兼資、櫻間弓川《さくらまきゅうせん》、金剛巖《いわお》、喜多六平太、宝生新《ほうしょうしん》、川崎九淵《きゅうえん》の十人を、私は見ていない。能を見始めたころ、こういう名人の舞台を知らないことは、うらめしく、コンプレックスであった。しかし、それから60年近くも経ってみると図々しくなる。これらの名人をご存じの先輩たちもおられるし、見ていない人を論じることに引け目を感じるが、歴史上の存在としては明治の三名人も、さかのぼれば世阿弥も同じである。文献と伝聞をたよりに書くしかない。むしろ、見ている演者について自己の記憶や実感をもとに書くよりは、正確に書けているかもしれない。

　それにしても、読み返してみると、のびやかさに欠け、いかにも調べて書いている風の固い文章であることが心残りである。ただ、私は能・狂言、歌舞伎、現代演劇、それに音楽もジャンルを問わず好きで、能楽堂と劇場通いに人生の大部分を過ごしてきて、中でも能・狂言の舞台水準は群を抜いてすぐれていると思い続けてきた。だから、およばずながらこういう本を書くことができたのは光栄である。この機会を与えて下さった石橋健一郎さんと、仕事の遅い私を忍耐強く督励して下さった淡交社の奥村寿子さんに、心から感謝申し上げる。

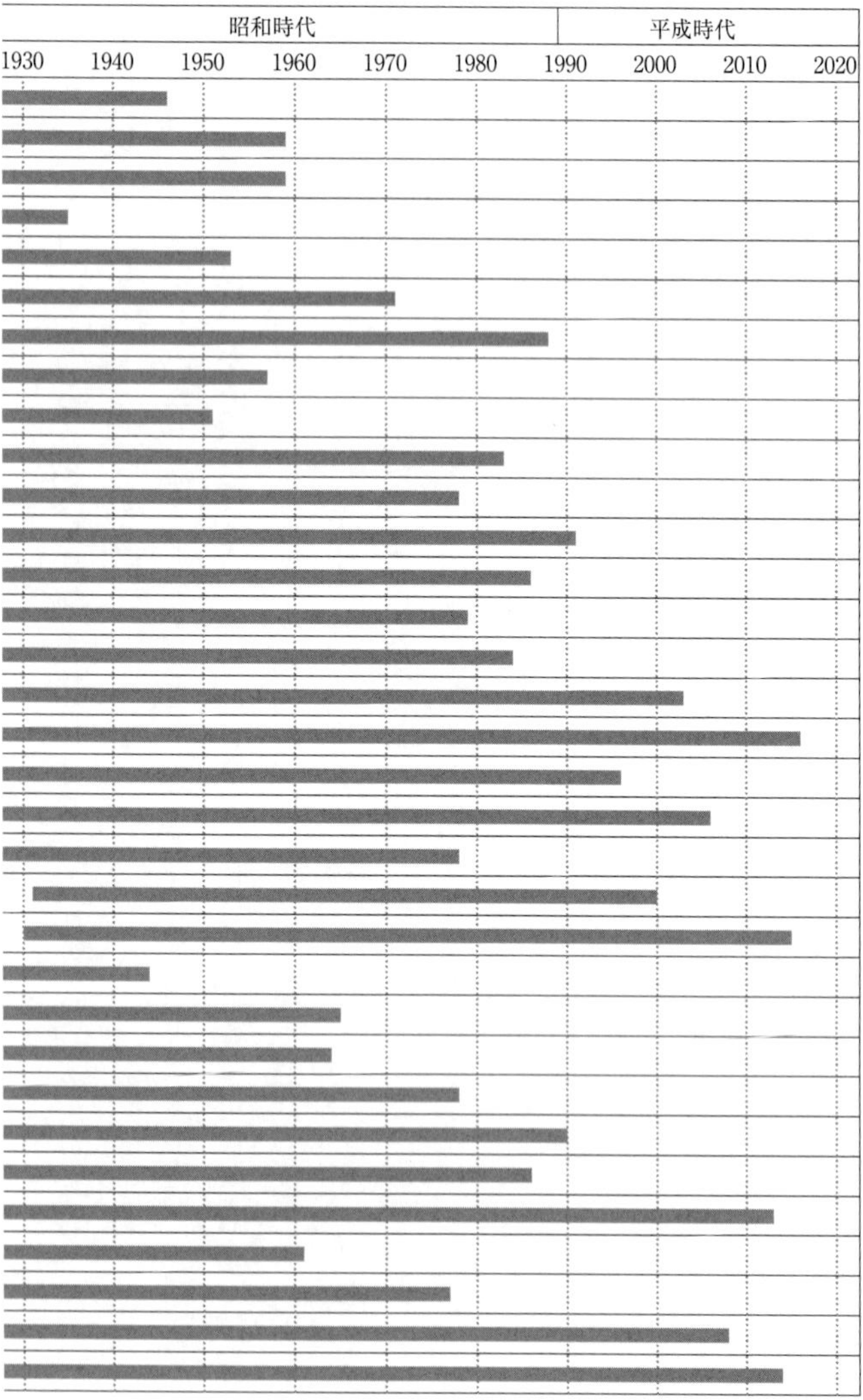
昭和時代
平成時代
1930
1940
1950
1960
1970
1980
1990
2000
2010
2020

能楽師が生きた時代

名前の後の［ ］内の番号は世数を表しています。

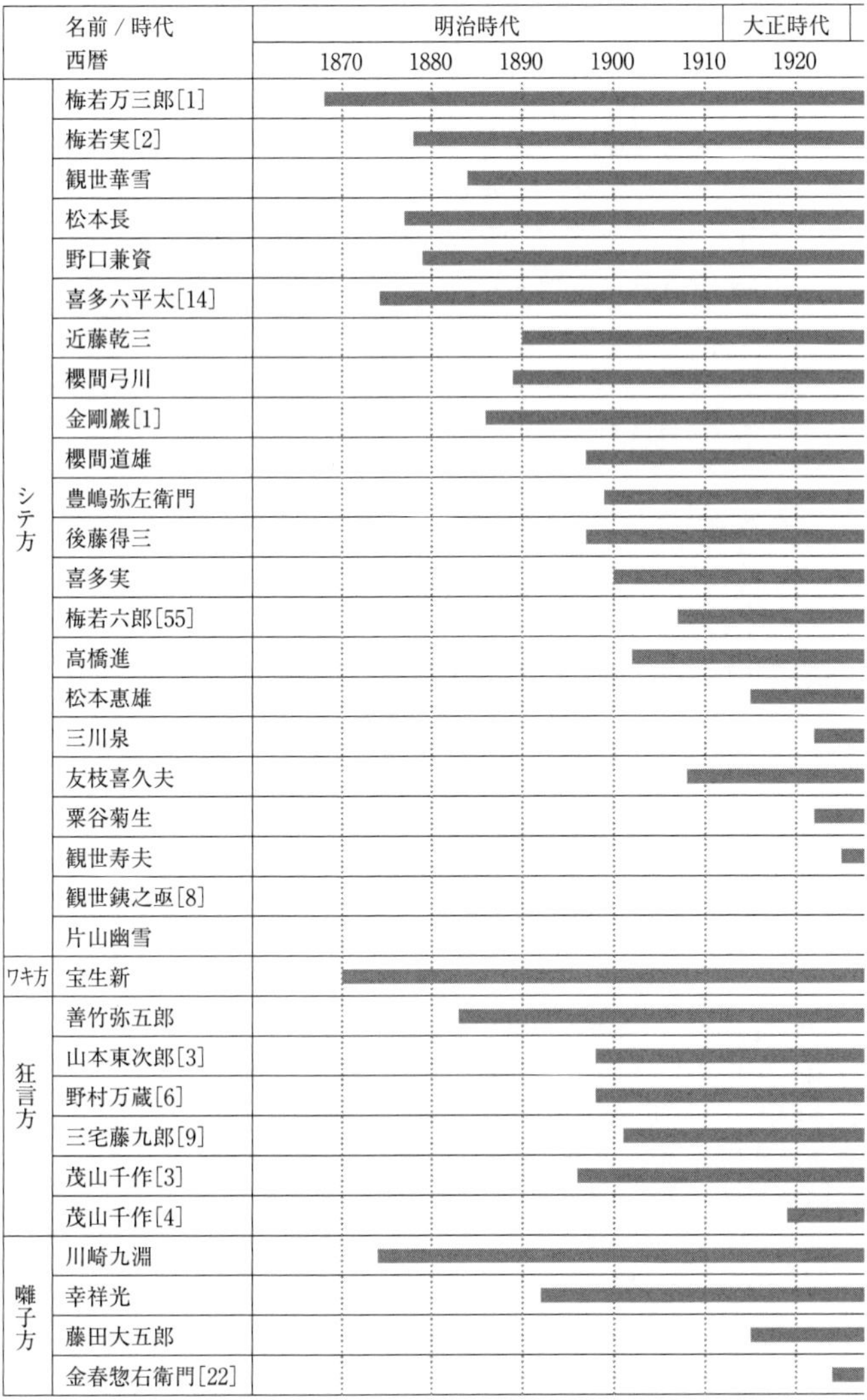

羽田 昶　はた ひさし

1939年（昭和14）東京生まれ。国学院大学文学部卒。東京国立文化財研究所芸能部研究員、室長を経て、武蔵野女子大学（武蔵野大学）教授、および同大学能楽資料センター長をつとめる。現在、東京文化財研究所名誉研究員、武蔵野大学客員教授、同大学能楽資料センター研究員。専攻は能・狂言を中心とする演劇研究。著書（共著）に『狂言・鑑賞のために』（保育社）、『能・本説と展開』（桜楓社）、『能の作者と作品』（岩波書店）、『能の囃子事』（音楽之友社）、『能楽大事典』（筑摩書房）など。

装幀　中本訓生

淡交新書
昭和の能楽 名人列伝

平成 29 年 3 月 7 日　初版発行

著　者　羽田 昶
発行者　納屋嘉人
発行所　株式会社 淡交社
本社　〒 603-8588 京都市北区堀川通鞍馬口上ル
営業　075-432-5151　　編集　075-432-5161
支社　〒 162-0061 東京都新宿区市谷柳町 39-1
営業　03-5269-7941　　編集　03-5269-1691
http://www.tankosha.co.jp
印刷・製本　　図書印刷株式会社

ISBN978-4-473-04171-5